2時間で楽しめる！

絶景の富士山展望ハイキング

低山フォトグラファー
渡邉明博

山と溪谷社

JN207556

CONTENTS

富士五湖周辺の山

01 高指山 1時間足らずで登頂できる山で三日月形の山中湖と富士の姿を満喫 　10

02 石割山 常に富士山を見ながらの軽快で贅沢な縦走 　12

03 三ツ峠山 富士山展望地で名高い、一年を通して人気の山 　14

04 御殿 観光客でにぎわう撮影ポイントを抜けて絶景富士をひとりじめ 　18

05 釈迦ヶ岳 切り立った岩山の山頂は360度の眺望 　20

06 鬼ヶ岳 鬼の角のような大岩が特徴の山 　22

07 竜ヶ岳 抜群の展望と、明るく歩きやすい登山道 　24

08 蛾ヶ岳 山名は読めなくても眺望は絶品。木漏れ日の尾根道歩きが楽しい 　26

高尾・陣馬・大月周辺の山

09 北高尾富士見台 高尾エリアで穴場の展望名所 　30

10 高尾山 大人気の高尾山から少し足を伸ばして景色を堪能 　32

11 陣馬山 白い馬がシンボル。山頂の茶屋めぐりも楽しみな山 　34

12 生藤山 春になると、満開のヤマザクラが登山道を華やかに彩る 　36

13 能岳 隣の八重山とともに大展望を楽しむ里山 　38

14 コヤシロ山 花と景色を楽しみながら歩く変化にとんだミニ縦走 　40

15 権現山 山頂直下に狼信仰の祠がある訪れる人が少ない静かな山 　42

16 高畑山 高畑山は倉岳山とセットがいい。駅から隣駅まで、充実の周遊コース 　44

17 百蔵山 駅から歩ける身近な山。仕上げに名勝に立ち寄りたい 　46

18 岩殿山 大岩壁が特徴的な大月市のシンボルを制す 　48

19 御前山 とても低山とは思えない高度感たっぷりの展望とスリル 　50

20 九鬼山 展望ポイントが幾度もある駅からハイキングで富士山三昧 　52

21 高川山 好アクセス、360度でひろがる眺望、歩きやすい登山道で、超人気の低山 　54

奥多摩・大菩薩・奥秩父の山

22 大怒田山 急登、展望、岩場、滝。登山の楽しみをぎゅっと詰めたコース 　60

23 大岳山 山容が特徴的な超メジャー山 　62

24 浅間嶺 アップダウンの少ない気持ちのよい尾根歩き 　64

25 三頭山 都民の森にあり、よく整備されたコース 　66

26 雲取山 山小屋泊まりでチャレンジする東京都の最高峰 　68

27 鶴寝山 広葉樹の森の中を進み多くの巨樹に出会う登山道 　70

28 雁ヶ腹摺山 隣の姥子山まで縦走しダブルで絶景富士をおがむ 　72

29 白谷ノ丸 草原にのびる一本道を進むと富士山がお出迎え 　74

30 大菩薩嶺 2000m越えの山でありながら登りやすい。絶景を見ながら進む爽快コース 　76

31	小楢山	甲府盆地を一望する広い山頂はレンゲツツジの群生地	78
32	帯那山	見晴らし抜群!明るい山頂は気分爽快	82
33	八王子山	街に近く、気軽に登れる里山を4山制覇する楽しみ	84
34	飯盛山	ごはんを盛ったようなきれいな姿の山は高山植物の宝庫	86

丹沢・箱根・伊豆・静岡周辺の山

35	高麗山	海と富士山を望む湘南平とこんもりした山容の高麗山を結ぶ	90
36	弘法山	歴史があり、見どころがもりだくさん。地元の人に愛され、守られている低山	92
37	大山	全国から多くの人を集める信仰の山	94
38	三ノ塔	丹沢表尾根の中間ピークを目的地に。爽快な好展望がひろがる	96
39	高松山	山頂は広い草地となる丹沢の人気低山で絶景を	100
40	ミツバ岳	ミツマタの開花期は大賑わい	102
41	矢倉岳	眺望抜群の草原で登頂の喜びの鐘を鳴らす	104
42	金時山	金太郎伝説に触れて歩き、箱根の展望台へ	106
43	今倉山	気持ちよい尾根道歩きで大展望へ	108
44	金冠山	開放的なササ原を進んで絶景へ	110
45	高通山	低山ながら登り応えのある、穴場の山	112
46	浜石岳	ミカン畑をぬって進む登山道。広い草地の山頂は360度の絶景ビュー	114
47	貫ヶ岳	目的地は尾根上にある晴海展望台!富士山と駿河湾の大海原を望む	116

富士山遠望の山

48	宝篋山	鎌倉時代の宝篋印塔がシンボル	120
49	浅間山	松明を持って山を駆けおりる奇祭で有名な山	122
50	三毳山	一面のカタクリを愛でてのんびりと	124
51	鋸山	大海原が眼下にひろがる絶景山。石切場跡の独特の景観もおもしろい	128
52	御殿山	房総の奥深くにある、関東百名山の一座	130
53	阿部倉山	住宅街から30分で登頂できる名低山はダイヤモンド富士のチャンスが年2回	132
54	大平山	めざすは建長寺の裏山である勝上嶽の展望台	134
55	披露山	短時間登っただけで壮大な眺めがひろがるミニハイク	136
56	三原山	地球の息づかいを感じる独特な景色	138

絶景の富士山展望ハイキング 全図	4	Column		
本書の使い方	6	01 絶景の富士を見るための天気読み	28
「ヤマタイム」でもっと便利に山を楽しもう	8	02 ダイヤモンド富士を山頂で望む	58
絶景の富士山が楽しめる山75	140	03 スマホで絶景の富士を撮る❶	88
あとがき 恋人を追い続けて	143	04 スマホで絶景の富士を撮る❷	118

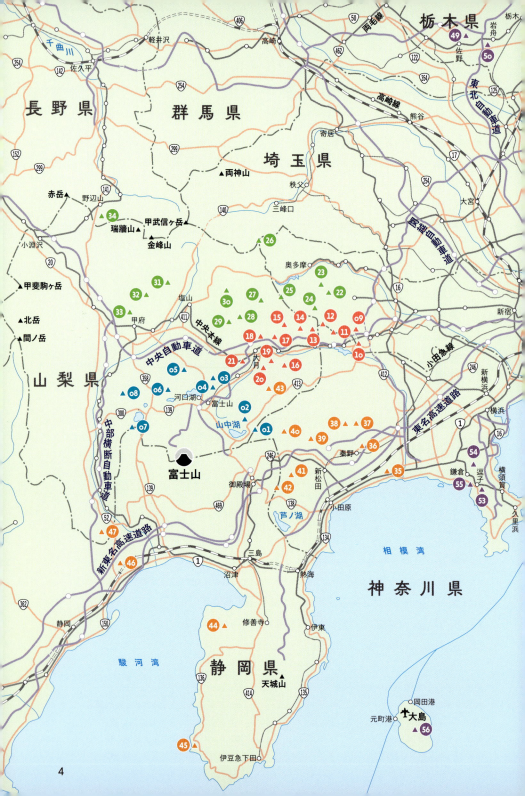

本書の使い方

山名
主目的地となる山名・地名で、読み方は一般的に使われているものを記しています。

所在地
山頂の位置する都県名を記しています。

アクセス
歩行のスタート（行き）／ゴール（帰り）とそれぞれの最寄り鉄道駅までの交通機関、おおよその所要時間です。

見出しインデックス
「花」「紅葉」「温泉」「駅近」「寺社」の各テーマに関連するものがコース途中や入山前・下山後にある場合に色が付いています。

DATA
コース概要がわかる各数値を示しています。
歩行時間……スタートからゴールまでの歩行時間の目安です。休憩時間は含まれていません。
歩行距離……スタートからゴールまでの水平距離（地図上の距離）です。下記の累積標高差の数値が高いと実際に歩く距離は増加します。
標高差……スタートまたはゴール（コース中で最も標高が低い地点）と山頂（最も標高が高い地点）の高さの差です。
累積標高差……スタートからゴールまでの登りの合計の標高差と下りの合計の標高差です。アップダウンが多いコースではそれぞれ数値が高くなり、より体力が必要となります。

ヤマタイムでルートチェック！
QRコードをスマートフォンで読み取ると「ヤマタイム」の地図が表示されます。詳細はP8を参照してください。

---

07 山梨県・静岡県　　　　標高 1485m

中級者向き

竜ヶ岳
（りゅうがたけ）

花
紅葉
温泉
駅近
寺社

行き 富士急行線河口湖駅（本栖湖観光案内所行きバス／約57分）→ 本栖湖バス停
帰り 本栖湖バス停（河口湖駅行きバス／約59分）→ 富士急行線河口湖駅

抜群の展望と、明るく歩きやすい登山道

DATA
歩行時間　3時間45分
歩行距離　8.5km
標高差　572m
累積標高差　登り656m 下り656m

ヤマタイムでルートチェック！

富士五湖のひとつ、本栖湖の南側に位置する山で、山梨百名山にも選定されている。昔、本栖湖の底に棲む竜が、「富士山が噴火する」と、突然村人に告げ、あわてて山へ駆け登ったと伝わっており、あ竜ヶ岳と命名された。その山容は端正で美しく、かつては小富士とも呼ばれていた。信仰の対象の山でもあり、毎年7月には本栖地区の「六斎念仏講」の住人による念仏行法の登頂が行なわれ、あずまやの近くには石仏が祀られている。

また、年始の頃には、山頂からダイヤモンド富士が眺められることでも有名で、毎年多く

富士山と反対側には、西湖と御坂山塊の連なりを望む

の人がシャッターチャンスを狙いに来る。

登山コースは、本栖湖バス停から竜ヶ岳登山口へ行き、山頂まで往復するのが一般的。バス停から本栖湖キャンプ場を通ってゲートのある竜ヶ岳登山口へ。ササの葉に囲まれた登山道を進んで行くと、やがて展望台であるあずまやが見えてくる。ここから富士山を望める。その先は道幅が狭くなり、本栖湖畔から急勾配で登ってくる道を合わせたら約15分で登頂。山頂一帯はササ原でとても広々としている。登山のあいだも、瑠璃色の本栖湖と迫力の富士山を存分に楽しめるのが魅力だ。

本栖湖に下ってきたら湖畔散策もいい。春にはサクラを楽しめる

24

高低図
ポイントとなる地名、各区間の歩行時間とアップダウンの目安を示しています。地名・丸数字はコースマップと対応しています。縦軸は標高、横軸は水平距離で、各コースで目盛りを調整しており、実際の傾斜度とは異なります。

6

本書は、富士山の絶景を眺められる首都圏および近郊の56低山のハイキングコースを、5つのエリアに分けて掲載しています。紹介する多くのコースが最大で2時間程度あれば山頂まで登れる初・中級者向きの日帰りコースとなっています。

標高
目的とする山の標高で、1m未満を四捨五入しています。

難易度
歩行時間を基に距離、累積標高差を加味して難易度を3段階に分けています。
初級者向き……おもに歩行時間が3時間以内
中級者向き……おもに歩行時間が3時間超、6時間以内
上級者向き……歩行時間6時間超（26・雲取山のみ）

富士山展望適期
絶景の富士山を眺めるのにおすすめの時期です。また、メインの写真の説明と撮影された年月日、撮影時間を記しています。

立ち寄り情報
下山後などに楽しみたい周辺の食事処や温泉施設、おみやげ、観光名所などの見どころを紹介しています。

富士山展望適期
1月上
ここは迷わずに山頂で見るダイヤモンド富士にあわせたい。例年1月初旬。登山者が多いので場所取りも含めて時間には余裕をもって。降雪直後は軽アイゼンが必須。(2024年1月7日　7時47分撮影)

春に見られる一面のシバザクラ
本栖湖バス停から車で5分くらいにある「富士本栖湖リゾート」では、4月中旬から5月下旬にかけてシバザクラが満開となり、ピンクの絨毯に。この期間は「富士芝桜まつり」も開催。

マイカー情報
入山口である本栖湖バス停のすぐそばと湖畔に無料の駐車場がある。

コースマップ
コース上のポイントとなる地名・丸数字は高低図と対応しています。

----- 紹介ルート
0.35▶ 各ポイント区間の歩行時間
▲599 山頂と標高
富士山が見える方角
🅿 駐車場
WC 公衆トイレ
バス停
日帰り入浴施設

マイカー情報
アクセスにマイカーを利用する際の駐車場情報をおもに記しています。利用時は必ず定められたスペースに駐車し、近隣の住民の迷惑にならないよう留意してください。

「ヤマタイム」でもっと便利に山を楽しもう

本書の各コースガイド左ページ、「ヤマタイムでルートチェック!」のQRコードをスマートフォンで読み取ることで「ヤマタイム」の地図が表示されます。青いルート線が本書で紹介しているコースです。

コースデータをご自身の登山計画に活用できるほか、コースのGPXデータをダウンロードして、各種地図アプリにコースのログデータを取り込むこともできるようになります。

＊上記利用にあたっては、「山と溪谷オンライン」への会員登録（無料）・ログインが必要になります。
＊本書とヤマタイムでは地図の内容が一部異なる場合があります。
＊画像レイアウトは変更する場合があります。

「ヤマタイム」とは

　山と溪谷社が運営する登山情報サイト「山と溪谷オンライン」内で、登山地図の閲覧や登山計画の作成が簡単に行なえる、無料で利用可能なウェブサービスです。登山をサポートする多くの機能があり、どなたでも利用できます。おもな機能は以下の通りです。

登山地図の閲覧……コースタイムをはじめ、山小屋や水場、見どころ、危険箇所、注意情報など、登山に役立つ情報を掲載しています。
地図上で山や山小屋などの詳細情報閲覧……山と溪谷オンライン内のデータページにリンクしています。
登山計画作成・コースタイム自動計算……計画するルート上のポイントをたどっていくだけで自動で合計歩行時間が計算できます。

　さらに無料会員登録をすることで、登山地図・行程表の印刷や共有、登山記録の登録など、よりたくさんの便利な機能が利用できるようになります。

山と溪谷オンライン
登山地図＆計画マネージャ「ヤマタイム」
https://www.yamakei-online.com/yk_map/

富士五湖周辺の山

石割山からの富士山は圧巻という言葉がよく似合う

01 高指山　　10
02 石割山　　12
03 三ツ峠山　14
04 御殿　　　18
05 釈迦ヶ岳　20
06 鬼ヶ岳　　22
07 竜ヶ岳　　24
08 蛾ヶ岳　　26

01 山梨県・神奈川県　標高 1174m

初級者向き

高指山
たかざすやま

| 行き | 富士急行線富士山駅（河口湖駅行きバス／約57分）→ 平野バス停 |
| 帰り | 平野バス停（河口湖駅行きバス／約52分）→ 富士急行線富士山駅 |

1時間足らずで登頂できる山で 三日月形の山中湖と富士の姿を満喫

DATA
歩行時間	2時間15分
歩行距離	6.8km
標高差	185m
累積標高差	登り255m 下り255m

ヤマタイムでルートチェック！

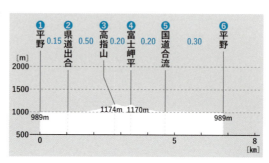

❶平野　❷県道出合　❸高指山　❹富士岬平　❺国道合流　❻平野
0.15　0.50　0.20　0.20　0.30
989m　　1174m 1170m　　989m

丹沢の西端に位置し、神奈川県と山梨県の県境にある高指山。山中湖の東岸からほど近いところにそびえている。歩行時間が短く、登山口からの標高差も少ないため、初心者でも安心して登れる山だ。山頂からは富士山と山中湖が大きく見え、近くの三国山、明神山、石割山のほか、南アルプスや御坂山塊を望む。山中湖は三日月湖とも呼ばれているが、高指山から見る山中湖はまさに三日月の形で、富士山の真下にあり、美しい景色となっている。また、10月下旬と2月中旬にダイヤモンド富士を見られるのだが、知る人は少なく、穴場の観測地でもある。

出発地の平野は新宿から直通バスもあり、首都圏からのアクセスのよさも魅力。平野バス停から、民宿やテニスコートが立ち並ぶ県道を通り、Y字路になったら左へ。東海自然歩道と書かれた道標があり、高指山の方向を示しているので見落とさないように。やがて民家がなくなり、ススキの中の登山道を上がっていくと1時間もしないうちに山頂へ到着する。カヤトに覆われた山頂で、存分に景色を堪能したらバラシマ峠を通過し、富士山を眺めるベンチがある富士岬平から下山。国道まで下り、平野バス停へ向かおう。

山中湖の湖面にうつる峰々が美しい。いちばん右が高指山

山頂からは三国山から続く稜線を一望。鉄砲木ノ頭も見える

富士山展望適期

通年

春の新緑、夏の赤富士、秋の紅葉、冬の霧氷とオールシーズン楽しめる山である。この日は山中湖が霧で覆われていたので、急遽登って撮影した。（2019年9月7日　5時32分撮影）

バス停のすぐ近くで
こだわりの手打ちそばを

富士山の湧き水と裏磐梯雄国産のそば粉を使った、絶品そばを味わえるのは「手打そばやまさと」。平野バス停のすぐ近くにたたずむ古民家が店舗。営業は11時〜15時（売切れ次第終了）。火曜定休（ハイシーズンは無休）。

マイカー情報

入下山口がバス停のためマイカーには適さないが、平野から徒歩10分に山中湖交流プラザきららの駐車場がある。150台収容。

02 山梨県　標高 1412m

中級者向き

石割山（いしわりやま）

| 行き | 富士急行線富士山駅（河口湖駅行きバス／約57分） → 平野バス停 |
| 帰り | 花の都公園バス停（河口湖駅行きバス／約34分） → 富士急行線富士山駅 |

常に富士山を見ながらの軽快で贅沢な縦走

DATA

歩行時間	3時間50分
歩行距離	9.6km
標高差	448m
累積標高差	登り678m 下り703m

ヤマタイムでルートチェック！

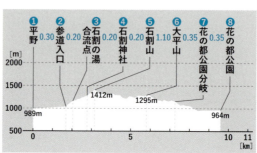

石割神社の階段は修行の気分で黙々と登る

　山中湖の北側に位置する石割山。山名は、山頂直下に鎮座する石割神社に由来する。山全体が神域であり、パワースポットとしても人気が高い。山頂からの展望は素晴らしく、眼前に富士山、眼下には山中湖、さらには奥多摩や奥秩父、南アルプスまでも一望する絶景がひろがるのだ。登頂後、大平山（おおひらやま）ハイキングコースへ向かえば、左手にずっと富士山を見ながら、なだらかな尾根道が続くという、贅沢この上ないコースとなる。富士山好きならぜひとも訪れて欲しいコースだ。

　平野バス停から北へ向かい、石割神社方面へ。参道入口に赤い鳥居があるので、一礼してくぐり抜け、403段もある石段を登りきってさらに進むと、巨岩が鎮座する石割神社に到着する。大岩の割れ目を通り抜けて開運を祈願し、山頂へ向かおう。ただし、ここからは急峻になるので注意を。滑りやすい場所にはロープが張ってある。神社から20分ほどで周囲が突然開け、石割山の山頂に到着。すがすがしい絶景を眺めたら大窪山（おおくぼやま）方面へ向かい、極上の尾根道歩きがスタートする。富士山の眺めを飽きるほど楽しみながら歩き進め、広いスペースの大平山で小休止し、さらに進んで花の都公園に向かうといい。

夏には元気なヒマワリと富士山の共演を眺められる花の都公園

富士山展望適期
12月下〜4月上
ロケーションのよい山なので通年で楽しめるが、特に富士山に雪が被った12月から新緑の4月頃までがおすすめ。作品はダイヤモンド富士を狙った。（2019年1月17日　16時14分撮影）

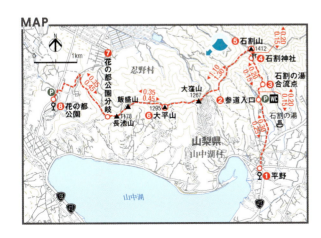

大岩の割れ目を3回通ると願いが叶う石割神社
アメノタヂカラオという怪力の神様が祀られている石割神社。御神体の大岩は真っ二つに割れて人一人が通れる隙間があり、この隙間を3周まわると願いが叶うと言われている。ただし、不浄の者は通り抜けられない。お試しあれ。

マイカー情報
入下山口が遠く離れているためマイカーには適さないが、参道入口と花の都公園に駐車場がある。

13

03 三ツ峠山

ミツバツツジ咲く三ツ峠山は天空の楽園と言えるだろう

03 三ツ峠山
みつとうげやま

山梨県　　標高 1785m

中級者向き

| 行き | 富士急行線河口湖駅（天下茶屋行きバス／約25分） → 三ツ峠登山口バス停 |
| 帰り | 山祇神社（徒歩約25分） → 富士急行線三つ峠駅 |

富士山展望地で名高い、一年を通して人気の山

DATA

歩行時間	4時間30分
歩行距離	10.2km
標高差	1171m
累積標高差	登り637m 下り1257m

ヤマタイムでルートチェック！

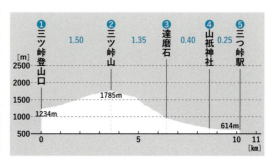

カテゴリ: 花／紅葉／温泉／駅近／寺社

　三ツ峠山は奈良時代に修験道の祖である役小角が開山した霊山。一時衰退したが、1832（天保3）年に空胎上人が入山して本宮や護摩堂を再建し、三ツ峠山信仰を復興させた。三ツ峠駅から山頂へつづく表登山道には、多くの石碑や史跡がある。三ツ峠という山名の由来には、山頂部の開運山、御巣鷹山、木無山の三山の総称という説と、開運山の山頂にある3つのピークを総称した、という説がある。また、開運山の山頂直下の屏風岩は、ロッククライミングの歴史あるゲレンデであり、かつては三つ峠＝岩登りと言われていたほどだ。

　この山の特徴は、なんといっても眺望である。三ツ峠山から眺める富士山は、のびのびと裾野をひろげ、この上ない美しさだ。さらには南アルプス、北アルプス、奥秩父、八ヶ岳、道志の山などを望む。

　最短は、御坂トンネルの先の三ツ峠登山口バス停から山頂に達するコース。山頂には通年営業している山小屋が2軒あり、安心感が高いのもこの山の人気の秘訣だろう。下山は表登山道を選び、八十八大師などのパワースポットや、ふたたびの富士山ビュースポットである股のぞきなどを通過し、達磨石から車道に出て駅へ。

富士山が大きくそびえる三ツ峠山荘のテラス席は、贅沢な休憩場所

冬の山頂からは、雪をかぶった南アルプスの連なりを一望する

16

富士山展望適期

5月上〜5月中

雪の三ツ峠は魅力的だが、実際は降雪のタイミングをはかるのが難しい。それを考えるとミツバツツジが咲く5月中旬頃がベストだろう。
（2021年1月25日　8時43分撮影）

三ツ峠山荘の名物そば

三ツ峠山荘の軽食メニューのひとつ「きんぴら鴨そば」が名物。あたたかい蕎麦に、きんぴらごぼうとかき揚げ、鴨肉、ホウレンソウがどっさりとのっている。疲れも吹き飛ぶおいしさをご賞味あれ。土日祝限定。

マイカー情報

入山口の三ツ峠登山口バス停から約15分の場所と、下山口付近のさくら公園に駐車場がある。

17

04 山梨県　標高 1184m　初級者向き

御殿(ごてん)

行き　富士急行線下吉田駅（徒歩約30分）→ 新倉山浅間公園展望デッキ
帰り　富士見孝徳公園（徒歩約25分）→ 富士急行線葭池温泉前駅

観光客でにぎわう撮影ポイントを抜けて絶景富士をひとりじめ

DATA

歩行時間	2時間55分
歩行距離	4.9km
標高差	447m
累積標高差	登り470m 下り485m

ヤマタイムでルートチェック！

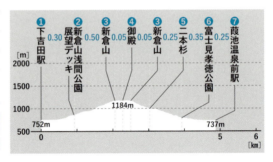

① 下吉田駅　② 新倉山浅間公園展望デッキ　③ 新倉山　④ 御殿　③ 新倉山　⑤ 二本杉　⑥ 富士見孝徳公園　⑦ 葭池温泉前駅

MAP

富士吉田市にある新倉山(あらくらやま)と、その先のひそかなビュースポットである御殿に訪れるコースを紹介したい。新倉山は、富士急行線の下吉田駅から歩いて登れる山で、中腹にある「新倉山浅間公園」を最初の目的地にする。公園には、朱色の五重塔と左右に均整のとれた富士山を見下ろすように眺められる展望台があり、かなりの人気で、撮影の順番待ちの行列ができるほどだ。春には約650本ものサクラが咲き、富士山と五重塔とサクラの共演が、まさに"THE NIPPON"といえる美しい景色となる。

展望台を後にしたら、新倉山の山

まるで絵葉書のような完成された景色は、新倉山浅間公園で

富士山展望適期

4月中〜4月下

展望スポットである新倉山浅間公園はサクラの名所。御殿からは富士吉田市を従えた富士山がひと際大きい。花見を兼ねて一石二鳥で楽しむならサクラの開花期がベスト。(2024年4月19日　5時49分撮影)

コシの強さが違う吉田うどん

葭池温泉前駅から徒歩8分ほどにある「源氏」は、コシのある太麺がおいしい。人気の肉うどんは、しっかり味付けされた肉とシャキシャキのキャベツ、わかめとねぎがたっぷりのる。営業は11時〜13時30分。月曜定休（祝日の場合は翌日）。

マイカー情報

新倉富士浅間神社に約100台収容可能な無料駐車場がある。サクラ開花期は1台1000円の駐車協力金を。

頂に向けて歩いて行こう。6月上旬に見頃を迎えるアヤメの群生地や、岩の穴に頭を入れるとゴーゴーと風のうなり音が聞こえるゴンゴン岩などがある、見どころの多い登山道を進むと、浅間公園から1時間ほどで山頂に着く。山頂は木々が多くて展望はないため先へ、ほぼ水平に移動して行くと、御殿という名の広場に到着する。標高1184mのピークで、ここが本コース最大の目的地である。新倉山の斜面と樹林の間に富士山がくっきりと見え、麓の富士吉田の街が

ひろがる。さらには道志の山々や山中湖北側の山なども見える。先ほどの喧騒とかけ離れ、静かに富士山を独り占めできるのがいい。

150年以上の歴史がある葭之池温泉の浴室は、梁の見える高い天井

下山は二本杉の方向へ行き、林の中を軽快に歩いて行こう。帰りに葭之池（よしのいけ）温泉へ立ち寄るのも忘れずに。

05 山梨県　標高 1641m

中級者向き

釈迦ヶ岳
しゃかがたけ

行き	富士急行線河口湖駅（芦川農産物直売所行きバス／約41分）
	→ すずらんの里入口バス停
帰り	すずらんの里入口バス停（河口湖駅行きバス／約40分）
	→ 富士急行線河口湖駅

切り立った岩山の山頂は360度の眺望

DATA

歩行時間	4時間45分
歩行距離	11.5km
標高差	675m
累積標高差	登り793m　下り793m

ヤマタイムでルートチェック！

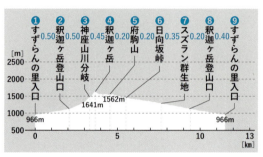

山頂はゴツゴツ岩が点在し、平坦な部分は狭い。丹沢方面を望む

釈迦ヶ岳という名の山は全国に7山ある。栃木県や奈良県にもあるが、こちらは山梨県の御坂山塊の釈迦ヶ岳。どこの釈迦ヶ岳も釈迦如来を山頂などに祀っていることに由来して名がついているが、ここの釈迦ヶ岳は急峻な山を意味する「嵯峨」に由来し、嵯峨ヶ岳と呼ばれていたのが釈迦ヶ岳に変化したという。たしかに、山頂直下の険しい岩壁である屏風岩や、ゴツゴツの岩だらけの山頂をみると、山名の由来にうなずける。山容は円錐形で、甲府周辺からすぐに判別できる。

河口湖周遊バスのすずらんの里入口バス停から出発し、舗装路を歩いて行くと道路沿いに登山口の看板がある。最初こそゆるやかだが、やがて、岩にへばりつくようにして登るクサリ場や岩場が続く。両手を使い、やっとの思いで山頂に着くと、360度のパノラマで、南アルプスや八ヶ岳、奥秩父山系が見え、苦労が吹き飛ぶ絶景がひろがるのである。また、富士山をバックに小さな2体の仏様が安置され、フォトジェニックな風景だ。山頂を後にしたらヤセ尾根を注意して進み、やがて日向坂峠（ドンベイ峠）で車道に出て、ここから舗装路歩き。スズラン群生地を見学してバス停へ戻ろう。

南アルプスの山並みと雲海がひろがる、幻想的な景色

富士山展望適期

5月中～5月下

ツツジと新緑と青空が欲しい構図。これは何度も通って撮影できた作品。山頂のヤマツツジとミツバツツジが咲く季節を狙う。ただし、花の付きがよいのは5年に1度。(2021年5月23日 6時22分撮影)

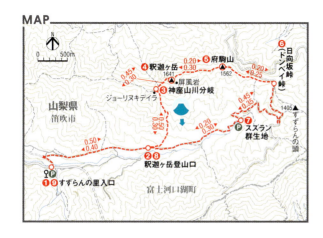

貴重な日本スズランが群生

コース中に、5月下旬から6月上旬に見頃を迎える日本スズランの群生地がある。貴重な種がこれだけ群生しているのは全国的にも珍しい。

マイカー情報

出発地のすずらんの里入口には8台程度停められる無料駐車場がある。また、途中のスズラン群生地にも40台収容の無料駐車場がある。

06 山梨県　標高 1738m

鬼ヶ岳（おにがたけ）

中級者向き

| 行き | 富士急行線河口湖駅（西湖民宿行きバス／約23分）→ 根場民宿バス停 |
| 帰り | 十二ヶ岳登山口バス停（河口湖駅行きバス／約27分）→ 富士急行線河口湖駅 |

鬼の角のような大岩が特徴の山

DATA

歩行時間	5時間25分
歩行距離	7.6km
標高差	829m
累積標高差	登り1028m／下り1029m

ヤマタイムでルートチェック！

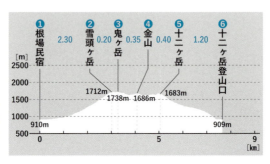

① 根場民宿 910m — 2.30 — ② 雪頭ヶ岳 1712m — 0.20 — ③ 鬼ヶ岳 1738m — 0.35 — ④ 金山 1686m — 0.40 — ⑤ 十二ヶ岳 1683m — 1.20 — ⑥ 十二ヶ岳登山口 909m

　富士五湖のひとつ、西湖の北側にそびえる鬼ヶ岳。御坂山塊の一座で山梨百名山に名を連ねている。頂上の真ん中に大岩があり、その先にまるで鬼の角のような一本岩が突き立っているため、鬼ヶ岳と名前がついたそうだ。山頂のスペースは狭いが、展望は息をのむほど素晴らしい。富士山はもちろんのこと、甲府盆地をめぐる山々を一望できる。八ヶ岳、奥秩父山地、大菩薩連嶺、南アルプス全山、さらには遠くに北アルプスまでも眺めることができるのだ。
　大絶景へは、青木ヶ原樹海の入り口にある根場の民宿村からスタートする。のんびりと標高をあげていくと、周囲の森は植林から自然林へと変わり「ブナ原生林」の看板がある。やがて道は険しくなり、クサリ場をひと登りしたら雪頭ヶ岳にたどり着く。西湖越しの富士山と広大な青木ヶ原樹海を眼前に収めて先へ進むと、道はさらに細くなっていき、突如、現れるアルミ梯子を注意して登りきれば、ようやく鬼ヶ岳に登頂だ。360度にひろがる絶景を眺めて、次の金山へ向かい、節刀ヶ岳との分岐を右の十二ヶ岳へ。ロープがかけられたスリリングな岩場を通過し、西湖の湖畔まで下りてこよう。

西湖から見上げる風景。左の険しく尖った山が鬼ヶ岳だ

角のように突き立つ岩に登り、これから向かう十二ヶ岳を望む

富士山展望適期

5月下～6月上、
10月中～11月下

雪頭ヶ岳は花が多いので、初夏か紅葉期がいい。作品は、手前に入る雪頭ヶ岳に朝日が当たるのを計算している。（2011年10月28日　6時28分撮影）

西湖畔の日帰り温泉施設

十二ヶ岳登山口のバス停そばにある「いずみの湯」が便利。内湯、露天風呂、休憩スペース、食事処があり、くつろげる。営業時間と休館日は月によって変動するためHPなどで確認を。

マイカー情報　スタート地点の根場民宿バス停近くに西湖根場浜無料駐車場がある。

23

07 竜ヶ岳
山梨県・静岡県　標高 1485m
中級者向き

行き	富士急行線河口湖駅（本栖湖観光案内所行きバス／約57分）
	→ 本栖湖バス停
帰り	本栖湖バス停（河口湖駅行きバス／約59分）→ 富士急行線河口湖駅

抜群の展望と、明るく歩きやすい登山道

DATA

歩行時間	3時間45分
歩行距離	8.5km
標高差	572m
累積標高差	登り656m／下り656m

ヤマタイムでルートチェック！

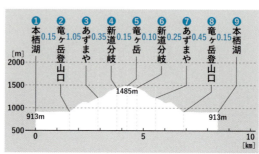

①本栖湖　②竜ヶ岳登山口　③あずまや　④新道分岐　⑤竜ヶ岳　⑥新道分岐　⑦あずまや　⑧竜ヶ岳登山口　⑨本栖湖

本栖湖に下ってきたら湖畔散策もいい。春にはサクラを楽しめる

富士五湖のひとつ、本栖湖の南側に位置する山で、山梨百名山にも選定されている。昔、本栖湖の底に棲む竜が、「富士山が噴火する」と、突然村人に告げ、あわてて山へ駆け登ったと伝わっており、竜ヶ岳と命名された。その山容は端正で美しく、かつては小富士とも呼ばれていた。信仰の対象の山でもあり、毎年7月には本栖地区の「六斎念仏講」の住人による念仏行法の登頂が行なわれ、あずまやの近くには石仏が祀られている。

また、年始の頃に、山頂からダイヤモンド富士が眺められることでも有名で、毎年多くの人がシャッターチャンスを狙いに来る。

登山コースは、本栖湖バス停から竜ヶ岳登山口へ行き、山頂まで往復するのが一般的。バス停から本栖湖キャンプ場を通ってゲートのある竜ヶ岳登山口へ。ササの葉に囲まれた登山道を進んで行くと、やがて展望台であるあずまやが見えてくる。ここからも富士山を望める。その先は道幅が狭くなり、本栖湖畔から急勾配で登ってくる道を合わせたら約15分で登頂。山頂一帯はササ原でとても広々としている。登山のあいだ、瑠璃色の本栖湖と迫力の富士山を存分に楽しめるのが魅力だ。

富士山と反対側には、西湖と御坂山塊の連なりを望む

富士山展望適期

1月上

ここは迷わず山頂で見るダイヤモンド富士にあわせたい。例年1月初旬。登山者が多いので場所取りも含めて時間には余裕をもって。降雪直後は軽アイゼンが必須。（2024年1月7日　7時47分撮影）

春に見られる一面のシバザクラ

本栖湖バス停から車で5分くらいにある「富士本栖湖リゾート」では、4月中旬から5月下旬にかけてシバザクラが満開となり、ピンクの絨毯に。この期間は「富士芝桜まつり」も開催。

マイカー情報　入山口である本栖湖バス停のすぐそばと湖畔に無料の駐車場がある。

25

08 山梨県　標高 1279m

中級者向き

蛾ヶ岳
（ひるがたけ）

| 行き | JR身延線市川本町駅(タクシー約30分) → 登山口 |
| 帰り | 登山口(タクシー約30分) → JR身延線市川本町駅 |

山名は読めなくても眺望は絶品。木漏れ日の尾根道歩きが楽しい

DATA
歩行時間	3時間15分
歩行距離	5.9km
標高差	379m
累積標高差	登り545m／下り545m

ヤマタイムでルートチェック！

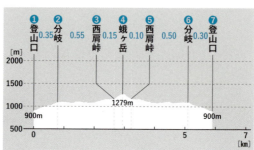

① 登山口 — 0.35 — ② 分岐 — 0.55 — ③ 西肩峠 — 0.15 — ④ 蛾ヶ岳 (1279m) — 0.10 — ⑤ 西肩峠 — 0.50 — ⑥ 分岐 — 0.30 — ⑦ 登山口

　甲府盆地の南に位置する山で、山梨百名山の一座。「蛾」を「ヒル」と読ませるとは不思議であるが、かつて、武田信玄の城から見て、正午頃に太陽がこの山の真上に来るため「昼ヶ岳」と呼ばれており、後に中国の峨眉山（がびさん）にかけて「蛾ヶ岳」になったと伝わる。どっしりとした姿から、地元では南の鎮（しずめ）と称されているそうだ。

　山頂からは御坂山塊と竜ヶ岳の上に浮かぶ富士山を望み、眼下に甲府市街がひろがる。振り向けば南アルプスや奥秩父、八ヶ岳が一望できる大展望だ。

　コースは、某テレビアニメで一躍有名になった四尾連湖（しびれこ）の畔から登る道を紹介したい。2時間もかからずに山頂に立てるからである。

　バスの便がないので、タクシーかマイカーで登山口に向かう。駐車場脇に手作りで味のある「登山道入口」の看板があるのでここからスタート。九十九折（つづらお）りに、やや急な道を登って稜線に出たら、木漏れ日の中をなだらかに進む。西肩峠（にしかたとうげ）に着くと、ここからは急登に。約15分、ひと登りで山頂だ。大展望が迎えてくれ、四尾連湖の湖面が輝いている。新緑や紅葉の時期は格別に美しい。復路は、来た道を転倒に注意しながら下って登山口へ戻ろう。

山頂からの甲府市内を一望する眺めに高揚感が高まる

四尾連湖は周囲1.2Kmの山上湖。雨乞い伝説が残る

富士山展望適期

4月下〜5月中、
10月中〜11月上

新緑と紅葉の頃が最適。立地的に、どの季節も富士山を見るなら午前よりも午後の斜光線で。作品は晩秋の彩りを狙った。
（2024年12月17日　16時19分撮影）

絶景温泉で有名な
みたまの湯に立ち寄る

温泉総選挙の絶景部門で4年連続1位を獲得した「みたまの湯」が甲府南ICから10分の場所にあり、下山後にぴったり。食事処とボディケア処も完備。営業は10時〜23時。年中無休。

 マイカー情報　登山口に蛾ヶ岳登山者専用の有料駐車場がある。水明荘が管理し、1日400円。

Column. 01
絶景の富士を見るための天気読み

POINT
- 週間天気や3日前天気を確認し、直前の予報で判断する
- 富士山の前後左右の天気を確認する
- 東の空に雲があるかどうかを確認する
- 気温にも注意しておく
- 高気圧に覆われているほうが天候は安定する
- 夏は寒気が入ると雷雲が発生しやすい
- 冬は八丈島付近を低気圧が通ると降雪の可能性がある
- 冬型の気圧配置でも寒波が来ると富士山頂に雲がかかる

ひとつの予報だけでなく、いろいろな情報を見て天気を読もう

登った山から秀麗な富士の姿がすっきり見渡せるかどうかは天気が重要です。山の撮影ともなればなおさらです。日程が選べるなら予報のいい日に登りたいですが、ネットやテレビの天気予報はあくまでも予報。それらの情報を基にどう富士山が見えるのかを判断しましょう。

例えば、富士五湖からのライブカメラでは富士山が見えていても、少し離れるとヘイズ（煙霧）がかかることが多く、霞んで見えます。気温が上がればヘイズも強くなり、富士山から離れれば離れるほど影響が出てきます。

富士山の周囲の天気も大事です。「山の天気」で富士山の前後左右の山を見ておくといいでしょう。少し離れた富士宮、浜松、伊豆半島、甲府、大月、箱根なども確認しておきましょう。また、天気にはリ

ズムがあるので、NHKの気象情報などを毎日定時でチェックし続けているとリズムがわかりやすいです。

いずれにせよ、ひとつの天気予報だけで判断せず、テレビの予報やネットの気象関連情報、ライブカメラの様子などさまざまな情報から天気を読みましょう。

参考になる天気予報・情報サイト

山の天気（日本気象協会サイト内）
主要山岳・周辺の予報が2週間分までわかる
https://www.tenki.jp/mountain/

GPV気象予報
タイムラグなく雲の動きが確認できる
http://weather-gpv.info/

Fujigoko.TV（ライブカメラ）
富士五湖周辺のライブカメラ映像
http://www.fujigoko.tv/live/

FUJIGOKO WEB INDEX（ライブカメラ）
富士山を中心とした周辺のライブカメラ映像
https://fujigokowind.net/guide/livecamera_list.php

高尾・陣馬・大月周辺の山

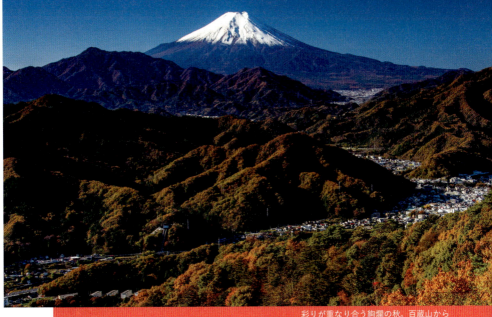

彩りが重なり合う絢爛の秋。百蔵山から

09	北高尾富士見台	30
10	高尾山	32
11	陣馬山	34
12	生藤山	36
13	能岳	38
14	コヤシロ山	40
15	権現山	42
16	高畑山	44
17	百蔵山	46
18	岩殿山	48
19	御前山	50
20	九鬼山	52
21	高川山	54

09 東京都　北高尾富士見台

標高 556m

初級者向き

| 行き | JR中央本線高尾駅北口（高尾の森わくわくビレッジ行きバス／約5分） → 霊園前・八王子城跡入口バス停 |
| 帰り | 荒井バス停（高尾駅北口行きバス／約14分） → JR中央本線高尾駅 |

高尾エリアで穴場の展望名所

DATA

歩行時間	3時間
歩行距離	6.4km
標高差	358m
累積標高差	登り547m 下り544m

ヤマタイムでルートチェック！

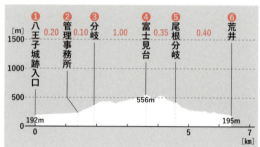

深沢山（八王子城山）の山頂部が本丸跡

　年中賑わう高尾山エリアにありながら、知る人ぞ知るコースがこちらの北高尾コース。八王子にはかつて、北条氏照（ほうじょううじてる）が築いた関東屈指の山城「八王子城」があったのを知る人も多いだろうが、それがここだ。本丸跡をはじめ、大きな堀切や曲輪（くるわ）など、里山の地形を利用した山城の面影を感じながら歩くことができる。

　コースの始点に、八王子城跡ガイダンス施設があるので、立ち寄って知識をつけてから歩くと一層楽しいだろう。高尾駅からガイダンス施設までは徒歩約50分なので、駅から歩くこともできるが、近くにバス停があるので気分で使い分けるといい。

　本丸跡を後にし、山道を登って行くと尾根道に突きあがる。左へ行くとすぐにテーブルとベンチがある富士見台に到着。ここが本コースの目的地だ。標高で言うと556mだが、富士見台の名のとおり、条件があえば、くっきりと何にも邪魔されない富士山が見える。ほとんど登山者と会わないため、存分に眺めを独り占めできる。一服後、先へ進み、摺差（するさし）方面への分岐を見落とさずに右手へ下って行くと高速道路の下をくぐって荒井バス停へたどり着く。いくつも分岐があるので注意して進みたい。

八王子城跡ガイダンス施設は9～17時開館。定休日なし、無料

MAP

富士山展望適期

12月上〜3月上

あまり知られていない富士山展望地。富士山の撮影には少し長めのレンズが必要。空気が澄む冬の、よく晴れた日に訪れたい。(2014年4月11日 6時33分撮影)

梅の香りにつつまれる遊歩道へ

荒井バス停に到着後、高尾駅に向かうには、小仏川に沿ってのびる遊歩道を通るのがおすすめ。高尾梅郷の一部で、特に2月下旬から3月上旬の開花期は、あたり一帯が上品な香りにつつまれる。

富士見台への往復だけならガイダンス施設に隣接した無料駐車場を利用できる。ただし、利用時間は9時〜17時まで。

31

10 東京都　標高599m

初級者向き

高尾山
たかおさん

| 行き | 高尾登山電鉄清滝駅（ケーブルカー／約6分） → 高尾山駅 |
| 帰り | 小仏バス停（高尾駅北口行きバス／約21分） → JR中央本線高尾駅 |

大人気の高尾山から
少し足を伸ばして景色を堪能

DATA

歩行時間	3時間
歩行距離	7.2km
標高差	382m
累積標高差	登り406m 下り592m

ヤマタイムでルートチェック！

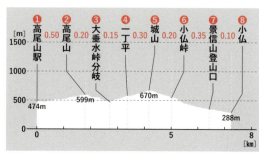

若男女、外国人まで、あらゆる人々で一年中賑わい、年間300万人もの登山者数は世界一と言われている高尾山。登山コースはいくつもあるが、ここではいちばんメジャーな道で登り、隣の小仏城山(こぼとけしろやま)まで行くコースを紹介しよう。

新宿駅から京王線で1時間弱、高尾山口駅に降り立ったらそば店や土産店の前を過ぎ、ケーブルカーに乗車する。紅葉期は1時間半待ちなどという日もあるので、時間には余裕をもって出かけよう。ケーブルカーの終点、高尾山駅からは薬王院の参道を通り、お参りをして山頂へ。進行方向の正面にある大見晴園地に立ち寄るのも忘れずに。

山頂を後にしてモミジ台方面に進むと、ぐっと人が少なくなり、快適に歩ける。一丁平園地には展望デッキが整備されており、晴れていれば富士山を拝める。また、4月中旬にはこのあたりに千本桜と呼ばれる桜並木が続くので、お花見登山にもってこいだ。

その先はアップダウンの少ない登山道を軽快に歩いて小仏城山へ。夏に登場する巨大かき氷が名物の茶屋で一服したら小仏峠まで行き、景信山(かげのぶやま)へ向かう登山道から離れて下山しよう。

大見晴園地からの富士山を、人混みに負けずに堪能したい

高尾山の中腹に位置する薬王院で、登山の安全をお祈りする

32

富士山展望適期

4月上〜4月中、12月上〜1月上

稜線のいたる所でサクラが見られるサクラの開花期と、作品のようなダイヤモンド富士や、シモバシラが見られる冬がおすすめ。（2023年12月22日　16時15分撮影）

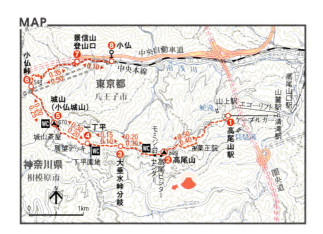

氷の花、シモバシラは冬の風物詩

シモバシラ、と聞くと地中の水が凍って地面が盛り上がる霜柱を思い浮かべる人が多いだろうが、写真のこれもシモバシラという名のシソ科の植物。根から吸い上げられた水分が枯れた茎からしみだし、冷たい外気に触れて凍るとこのような光景となる。高尾山のいたるところで見られ、神秘的で美しい。

マイカー情報

京王線の高尾山口駅前に八王子市市営と3カ所のタイムズ駐車場がある。

11 陣馬山 じんばさん

東京都・神奈川県　標高855m

初級者向き

| 行き | JR中央本線高尾駅北口（陣馬高原行きバス／約37分）→ 陣馬高原下バス停 |
| 帰り | 陣馬登山口バス停（藤野駅行きバス／約7分）→ JR中央本線藤野駅 |

白い馬がシンボル。
山頂の茶屋めぐりも楽しみな山

DATA

歩行時間	2時間45分
歩行距離	8.2km
標高差	656m
累積標高差	登り703m 下り831m

ヤマタイムでルートチェック！

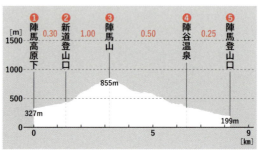

神奈川県と東京都の都県境にそびえる陣馬山は、360度の大パノラマが特徴。富士山をはじめ、都心の超高層ビル群や丹沢山塊、秩父山系、遠くは筑波山や房総半島までも望むことができる。「関東の富士見百景」「かながわの景勝50選」「八王子八十八景」に選定されているだけあって、一年を通して多くの登山者が訪れる。

山頂部は陣馬高原の名の通り、平坦でとても広々としている。3軒の茶屋があり、あたたかい食事をとれるのも魅力のひとつ。また、富士山に向かっていななく姿の白馬像があり、この山のシンボルとなってい

誰もが一度は写真に収める山頂の白馬。富士山に向かって堂々と立つ

る。

古文書によると「関東の北条氏が甲斐の武田家への備えとしてこの山頂に砦を築いたので陣場山の名になった」とある。それがいつの間にか場が馬に書き替えられたそうだ。

陣馬山へのルートはいくつかあるが、陣馬高原下バス停からスタートし、新道登山口から登るのが一般的。登頂後は栃谷尾根（とちや）で下って行き、神奈川側の陣馬登山口のバス停へ着く。または、本コースとは違うが、陣馬山から奈良子峠（ならこ）、景信山、小仏城山を経由して高尾山まで縦走する登山者も多い。

360度、どっちを向いても山、山、山。四季折々の色あいを見せる

MAP

富士山展望適期
12月上～3月上、4月上～5月上

360度の展望がえられる山なので、空気が澄む12月から3月が適期。また、新緑やサクラに出会える春から初夏の季節もよい。作品は暗いうちに出発して朝焼けを捉えた。(2021年1月1日 7時4分撮影)

山あいの旅館で日帰り入浴可!

山から下りてきて、ちょうどよい場所に温泉旅館「陣谷温泉」がある。事前に連絡をすれば日帰り入浴も可能。大きな窓で開放感にあふれ、さわやかな香りにつつまれる桧風呂が気持ちよい。

本コースとは登り口が違うが、和田峠に約55台収容の駐車場がある。ここからはわずか30分の登山で山頂へ到着する。

35

12 生藤山
しょうとうさん

東京都・神奈川県　標高990m

中級者向き

| 行き | JR中央本線上野原駅（井戸行きバス／約20分） → 石楯尾神社バス停 |
| 帰り | 和田バス停（藤野駅行きバス／約14分） → JR中央本線藤野駅 |

春になると、満開のヤマザクラが登山道を華やかに彩る

DATA

歩行時間	4時間35分
歩行距離	8.1km
標高差	662m
累積標高差	登り750m 下り809m

ヤマタイムでルートチェック！

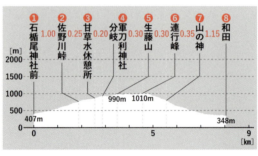

❶石楯尾神社前 407m — 1.00 — ❷佐野川峠 — 0.25 — ❸甘草水休憩所 — 0.20 — ❹軍刀利神社分岐 — 0.30 — ❺生藤山 990m — 0.30 — ❻連行峰 1010m — 0.35 — ❼山の神 — 1.15 — ❽和田 348m

山頂にはテーブルとベンチが。富士山を眺めながらの休憩にぴったり

　生藤山は、奥多摩山域の南端に位置し、神奈川県の最北端の山。小さなピークなのであまり目立たないが、ヤマザクラが多いことで有名なため、4月中旬の開花期には特に登山者が多くなる。

　石楯尾（いしたてお）神社バス停から出発。佐野川峠あたりからヤマザクラが見え始め、甘草水（かんぞうすい）と三国山（みくにやま）にかけてのあいだが見どころだ。見事な桜並木が続き、あたたかくなった陽気と淡いピンクの花々に、心も足取りも軽くなる。また、奥多摩らしく、落葉樹が多いので、色鮮やかな新緑も圧巻だ。

　生藤山のピークからはすぐに急下降の岩場があるので転倒に注意を。続いて階段状の尾根を上るとコース中の最高峰で眺めもよい茅丸（かやまる）に到着。その後、連行峰（れんぎょうほう）へ向かうとツツジの群落地があり、こちらは5月が見頃となる。山の神からはひたすら下り、和田バス停へ。

　最後に、名前の由来がおもしろいので紹介しよう。昔、国境の木は伐らないというきまりがあり、武蔵と相模の国境にあるこの山は「切り止め山」と呼ばれていた。それが「きっと山」となり、あて字で「生藤山」となり、読み方が変わって「しょうとうさん」と呼ぶようになったそうだ。

山中で出会うヤマザクラたち。四季があってよかったな、と素直に思う

富士山展望適期

4月中～4月下

山頂直下の甘草水周辺はサクラの名所。とてもたくさんの木がある。富士山の展望はこれに合わせない手はない。下界よりは開花が少し遅い。（2015年5月1日　10時17分撮影）。

伝説の湧き水に触れてみる

途中にある湧き水「甘草水」には伝説が語り継がれている。昔、日本武尊（ヤマトタケルノミコト）が遠征してきた際に水が無くなり、困り果ててしまったそうだ。そこで日本武尊が鉾で岩頭を打ったところ、なんと、そこから水がこんこんと湧き出てきて、飲んでみたら甘かったという。現在は残念ながら飲用不可。

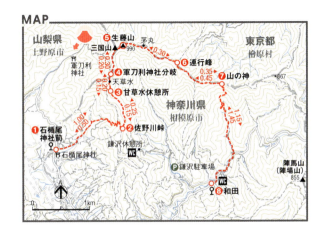

マイカー情報

下山口の和田バス停から20分ほど歩いたところに無料の県立鎌沢駐車場がある。10台駐車可能。

37

13 山梨県　標高543m

初級者向き

能岳(のうだけ)

| 行き | JR中央本線上野原駅（光電製作所前行きバス／約14分）→ 大堀バス停 |
| 帰り | 新井バス停（上野原駅行きバス／約15分）→ JR中央本線上野原駅 |

隣の八重山とともに大展望を楽しむ里山

DATA

歩行時間	2時間50分
歩行距離	5.1km
標高差	270m
累積標高差	登り387m 下り379m

ヤマタイムでルートチェック！

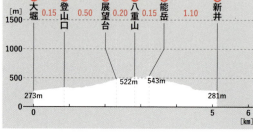

① 大堀 273m — 0.15 — ② 登山口 — 0.50 — ③ 展望台 — 0.20 — ④ 八重山 522m — 0.15 — ⑤ 能岳 543m — 1.10 — ⑥ 新井 281m

　上野原駅から最も近くにあるためアクセスがよいうえ、よく整備された登山道で、四季の花が楽しめ、初心者に最適とも言えるのがこのコース。とても素晴らしい展望がご褒美だ。

　大堀バス停から歩き始めると、きれいなトイレと駐車場がある登山口がある。ここから八重山までは「五感の森」という名で、5種類のエリアを備えたハイキングコースが整備されている。そのうちの「視覚の森コース」を進んで行くと、立派な展望台に到着。丹沢(たんざわ)山塊、御坂(みさか)山塊、道志(どうし)の山並みを手前に、美しい富士山を望むことができ

る。北側は三頭山(みとうさん)方面から笹尾根、陣馬山などを見渡せ、270度どこを向いても見晴らしがよいのだ。その後、八重山(やえやま)へ進み、小さな石仏が祀られた分岐を過ぎて能岳の山頂へ。

　能岳は数年前までは樹木が茂っていたが、上野原市が西側の木を伐採して展望がよくなった。眼下に上野原の街並みがひろがり、奥に富士山がそびえる。ちなみに、このコースは冬の低山歩きも難がない。

　下山は虎丸山(とらまるやま)方向に進み、左に虎丸山山頂へ登る道を見送ると新井バス停に着く。

あずまやとベンチがある八重山山頂からも富士山が見える

鮮やかな新緑で覆われる山の斜面は生命力を感じてまぶしい

MAP

富士山展望適期

4月上〜5月中

能岳はひろく見ると八重山の一角にある。八重山全体が花の多い山なので、ベストシーズンは花とサクラと新緑が見頃の時期だろう。（2023年11月24日 8時28分）

水越八重さんが寄付された山「八重山」

昭和の初め、上野原で生まれ育った水越八重さんがお世話になった恩返しにと、所有地を上野原市に寄付された。だから、命名「八重山」。上野原小学校の学校林として大切にされ、樹木や花が多彩にあり、随所に説明札がついている。

  八重山への登山口に無料駐車場がある。10台駐車可能で、きれいなトイレもある。

39

14 山梨県 標高592m

中級者向き

コヤシロ山(やま)

| 行き | JR中央本線上野原駅(飯尾行きバス／約18分) → 尾続バス停 |
| 帰り | 新井バス停(上野原駅行きバス／約15分) → JR中央本線上野原駅 |

花と景色を楽しみながら歩く 変化にとんだミニ縦走

DATA

歩行時間	3時間20分
歩行距離	6.2km
標高差	321m
累積標高差	登り562m 下り573m

ヤマタイムでルートチェック！

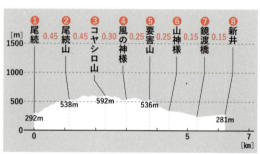

尾(お)続山、実成山(みなしやま)、コヤシロ山、要害山(ようがいさん)を、U字型（馬蹄形）に越えていく縦走路は、魅力的なコースであるにもかかわらず、あまりメジャーではないようだ。そのため、静かにゆったりと歩けるのがいい。コース上のほとんどはスギやヒノキの人工林だが、モミやコナラ、イロハモミジ、ヤマザクラなどの自然木も多く、足元には秋ならコウヤボウキやリュウノウギクが咲く。

スタートは尾続バス停。「尾続山 コヤシロ 要害山」と記された標識があるので従って進む。やがて着く尾続山の山頂からは、富士山や向かい側の要害山が見える。実成山を経て、視界が明るくなってくると、コヤシロ山。山頂は広く、丸太を横にしたベンチがあり、正面に富士山が見える。

コヤシロ山を後にすると、6月の頃はよい感じでツツジが続いている。要害山の山頂に着くと、こちらもまた素晴らしい展望。ちなみに、この要害山は昔、山頂に甲斐、相模、武蔵の国境警備のための「大倉砦(とりで)」が置かれていた。今なお、当時を偲(しの)ばせる土塁の跡などが残されている。鏡渡橋(きょうど)バス停をゴールとしてもよいが、そこから15分ほど歩いた新井バス停の方がバスの本数が多いのでおすすめだ。

赤く美しいツツジが登山道を彩る初夏の眺め

新しくてきれいな上野原駅。駅前では各方面のバスが発着する

富士山展望適期

4月中～5月上、11月上～12月上

富士山方向が開けている山。ヤマザクラの咲く時期はこの作品のようにサクラ越しの富士山が撮れる。また、紅葉シーズンも鮮やかでよい。
（2015年4月16日　9時47分撮影）

上野原名物！ 酒まんじゅう

かつて、上野原は甲斐絹の里として江戸と甲州の商人で賑わい、彼らに人気だったのが酒まんじゅうだ。炊いた米に米麹を合わせて発酵させた酒種を、小麦粉に練り込み、あんを包んで蒸しあげる。ほのかな酒の香りとほんのり甘い生地が美味。上野原市内には10店の専門店がある。

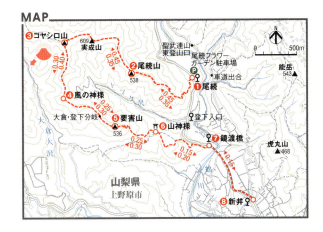

マイカー情報

尾続バス停の隣、道路脇に尾続フラワーガーデン駐車場があり、10台程度停められる。協力金300円。

15 権現山

山梨県　標高 1312m

中級者向き

行き　JR中央本線上野原駅（飯尾行きバス／約37分）→ 初戸バス停
帰り　浅川バス停（大月駅行きバス／約40分）→ JR中央本線大月駅

山頂直下に狼信仰の祠がある 訪れる人が少ない静かな山

DATA

歩行時間	4時間10分
歩行距離	8.6km
標高差	886m
累積標高差	登り1026m 下り845m

ヤマタイムでルートチェック！

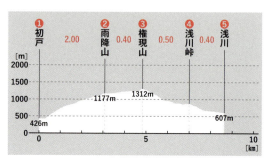

北側が開けていて、笹尾根を従えた三頭山が見える

　上野原市と大月市の境にある権現山は、「山梨百名山」「秀麗富岳十二景」に選定され、北都留三山のひとつ。北都留三山の中でもっとも標高が高く、かつ山体も大きくて堂々としている。しかし、残念ながら扇山と百蔵山の陰になってしまうため、里から望むのは難しい。そのため、いまひとつ知名度が低く、人影の少ない静かな山である。山頂直下に大勢籠権現を祭る祠があるため、権現山と名がついた。過去には大勢籠山と呼ばれていたこともあるそうだ。

　奥まった山のため、アプローチが若干難しい。初戸の集落にバスが通

権現山の山頂はひろびろとしている。休憩にもってこいだ

っているので、ここからスタートしたい。バス停から鶴川を渡り、権現山の道標の指示通りに進む。針葉樹林と雑木林につつまれた登山道をどんどんと歩き、大きな電波塔が3基ある雨降山へ着く。この近くにはヒノキ林を伐採したスミレの丘があり、5月上旬頃に見頃となる。そのまま稜線を進んで行くと小屋が見えてきて、これが大勢籠権現。このすぐ先が権現山の山頂だ。頂上からは道志の山や富士山、三ツ峠山、北側に雲取山などが見える。その後は浅川への道標を頼りに分岐を左に行き、浅川バス停へ向かおう。

MAP

富士山展望適期
4月中〜5月中、
12月中〜3月上

鮮やかな新緑期と、すっきりと富士山が見える冬枯れの頃がおすすめだ。ただし、冬期の降雪直後は軽アイゼンが必要。
（2014年3月8日　7時39分撮影）

名前の由来になった
大勢籠権現にご挨拶を

大勢籠権現は、秩父の三峯神社や奥多摩の御嶽神社と同じく、神犬信仰（狼信仰）の神社。祭神は日本武尊（ヤマトタケルノミコト）で、オオカミが道案内をした伝説が元になっている。

マイカー情報　入下山口付近やコース中には駐車場がないのでマイカーには不適。

16 高畑山
たかはたやま

山梨県　標高982m　中級者向き

行き JR中央本線鳥沢駅（徒歩約40分）→ 小篠貯水池
帰り 林道出合（徒歩約20分）→ JR中央本線梁川駅

高畑山は倉岳山とセットがいい。
駅から隣駅まで、充実の周遊コース

DATA
歩行時間	5時間15分
歩行距離	11.5km
標高差	699m
累積標高差	登り1077m 下り1102m

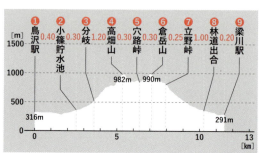

ヤマタイムでルートチェック！

大月市にあり、中央線の南側にそびえる高畑山。江戸時代の地誌『甲斐国志』には不死ノ峰（ふしみね）という縁起のよい名で記載されている。また、戦後、山中に小屋を建てて暮らし、高畑山の仙人と呼ばれた男性がおり、「仙人の住んでいた山」としても知られる。現在、建物はないが、少し広くなった平地に看板がたっている。

高畑山は隣にそびえる倉岳山（くらたけやま）とともに登られることが多い。2山とも山頂から見える富士山が美しく、大月市の「秀麗富嶽十二景」に2山あわせて選定されているからだ。倉岳山のほうが標高が少し高く、山容は鋭角。沢沿いの道が続き、夏は清涼感たっぷりで歩ける。駅から歩き始める周回コースをおすすめしよう。

農業用水の溜め池である小篠貯水池は、水面に森が映り込む

倉岳山の山頂からも新緑に映える富士山を望む

出発してしばらく行くと小篠貯水池があり、池の脇を進む。馬頭観音（ばとうかんのん）が置かれた分岐では右へ行き、仙人小屋跡で仙人の姿を想像して通過。細かい九十九折で急登となり、高畑山の山頂へ到着。南面の視界がひらけ、堂々とした富士山がある。ここからは尾根道を歩いて倉岳山へ。ふたたび富士山を眺めたら月尾根沢沿いの道で梁川駅（やながわ）へ向かおう。沢沿いにはトチノキやケヤキの巨木が多く、歩いていて楽しい。

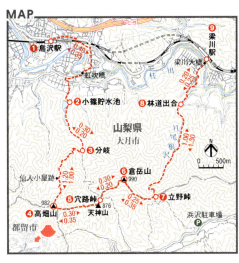

富士山展望適期

4月中～5月中、
11月上～12月上

高畑山、倉岳山のどちらも、自然ゆたかな森ため、新緑がまぶしい季節と紅葉が美しい季節が展望適期。(2015年11月16日　8時7分撮影)

古い町並みが
美しい鳥沢宿を通る

宿場町の古い町並みが残る鳥沢宿。厳密には上鳥沢宿と下鳥沢宿の2宿に分かれているが、両宿で一宿と呼ぶ。鳥沢駅を出て甲州街道沿いにあり、途中に小さく高畑山への誘導看板がある。

コース中に駐車場はなく、鳥沢駅も梁川駅も近くに駐車場はない。最寄りは立野峠から往復で徒歩2時間弱の浜沢駐車場。

45

17 山梨県　標高 1003m

中級者向き

百蔵山
(ももくらやま)

| 行き | JR中央本線猿橋駅（徒歩約35分）→ 百蔵山登山口 |
| 帰り | 猿橋（徒歩約15分）→ JR中央本線猿橋駅 |

駅から歩ける身近な山。
仕上げに名勝に立ち寄りたい

DATA
歩行時間	4時間20分
歩行距離	10.4km
標高差	675m
累積標高差	登り816m 下り816m

ヤマタイムでルートチェック！

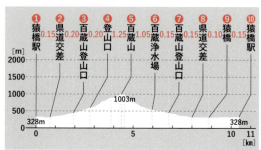

①猿橋駅 —0.15→ ②県道交差 —0.20→ ③百蔵山登山口 —0.20→ ④登山口 —1.25→ ⑤百蔵山 —1.05→ ⑥百蔵浄水場 —0.15→ ⑦百蔵山登山口 —0.15→ ⑧県道交差 —0.10→ ⑨猿橋 —0.15→ ⑩猿橋駅

　百蔵山は山梨百名山の一つで、大月市が選定する「秀麗富嶽十二景」の7番山頂。山頂からは道志の山々、杓子山、三ツ峠山などの山並みに富士山がうかび、文字通り秀麗である。登山道のところどころで富士山を見られるのも楽しい。また、山頂にはサクラが多く、4月中旬の見頃になると、多くのハイカーがお花見を楽しんでいる。
　百蔵山には、表記を桃倉山とし、山に生えた桃の木からある日、大きな桃が転げ落ちて桂川をドンブラコと流れ、おじいさんとおばあさんに拾われて桃太郎が生まれた、という伝説も語られている。そう、桃太郎のお話はこの山が舞台だったのだ。
　コースはとてもわかりやすい。猿橋駅から舗装路を歩いて大月市営総合グラウンドを目指す。登山道に入ると、はじめは道幅が狭いが、やがて明るい道となり、見晴らし台に到着。ベンチがあるので富士山を正面に見ながら小休止を。尾根に出たらまもなく広い山頂。クサリのついた急坂をやりすごし、ゆるやかに下って登山口へ戻る。そのまま駅に行ってもよいが、日本三奇橋の一つである「猿橋」の見学をコースに組み込み、さらに満足度をあげてしまおう。

中央沿線の山々を贅沢にずらりと一望する眺め

山々の手前に中央本線で最長の鳥沢鉄橋が見える

富士山展望適期

4月上～5月中、11月上～12月上

サクラやヤマツツジに出会える時期がいい。また、富士山の前景になる山や前衛の山が紅葉する時期もよく、作品のような奥行きのある景色となる。（2024年11月23日　8時4分撮影）

橋脚を使わない、珍しい構造の猿橋

桂川の渓谷にかかる猿橋は、谷が深く橋脚がたてられないため、両岸から張り出した四層のはね木によって橋を支えている構造が珍しい。たくさんの猿がつながりあって対岸へ渡っていく姿からヒントをえて設計されたと言われる。

百蔵山登山口すぐそばの大月市営総合グラウンドに約100台収容できる無料の駐車場がある。

18 岩殿山 （いわどのさん）

山梨県　標高 634m　中級者向き

| 行き | JR中央本線大月駅（徒歩約20分）→ 丸山公園入口 |
| 帰り | 浅利公民館前バス停（徒歩約30分）→ JR中央本線大月駅 |

大岩壁が特徴的な 大月市のシンボルを制す

DATA

歩行時間	4時間45分
歩行距離	8.9km
標高差	286m
累積標高差	登り713m / 下り713m

ヤマタイムでルートチェック！

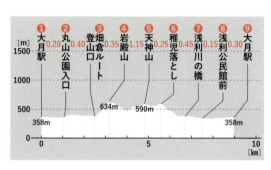

①大月駅 0.20 ②丸山公園入口 0.40 ③畑倉ルート登山口 0.35 ④岩殿山 1.15 ⑤天神山 0.25 ⑥稚児落とし 0.45 ⑦浅利川の橋 0.15 ⑧浅利公民館前 0.30 ⑨大月駅
358m　634m　590m　358m

「山梨百名山」「秀麗富嶽十二景」「関東の富士見百景」に選定されているだけあって、山頂から大月市街地と秀麗な富士山の絶景がひろがる岩殿山。関東三名城としても名高く、修験の場だった岩山が16世紀に武田、小山田両氏の支配を受け、岩殿城となった歴史をもつ。春になると300本以上のサクラが咲くことでも有名だ。

2025年現在、以前は通れていた丸山公園から山頂への道が通行止めのため、畑倉（はたぐら）登山口から頂上を目指す。やや斜面がきついものの大月駅から約1時間30分で登頂できるため往復してもよい。しかし、こ こではさらに進んで、断崖絶壁、名前まで恐ろしい「稚児落とし」（ちごおとし）へ縦走するコースを紹介しよう。

まずは駅から国道を歩いて登山口へ。砂で滑りやすい斜面を進み、山頂に到着したら絶景と感慨深い城跡を堪能する。その後、「浅利登山口」（あさり）と書かれた方向へ下り、次々に現れるクサリ場やロープ場を慎重に通過する。圧倒的迫力の岩壁が見え、なおも進むと稚児落としの上に立つ。切り立った足元はかなりスリリングだ。その先も木の根が張り出した道やロープ場を通った後、駅へ。低山ながら歩きごたえのあるコースである。

これが稚児落としの全貌。この岩山の端を歩く。慎重に行動しよう

大月駅の改札を出て振り返ると、駅舎の後ろに岩殿山が堂々と

富士山展望適期

4月上〜5月中

サクラが多いことでも名高い岩殿山は、サクラの開花期はもちろん、ヤマツツジや新緑に出会える頃がベストシーズン。山頂から大月の街がすべて見える。（2021年5月3日　9時30分撮影）

東国屈指の山城跡

甲斐の武田氏の家臣である小山田氏の居城とされた岩殿山城。山頂の本丸跡をはじめ、巨大な岩が道を塞ぐ揚城戸跡、平坦地を利用した馬場跡などが残る。遺構の残存状況がよく、学術的価値がきわめて大きいとされ、城跡を見るために岩殿山へ訪れる人も多い。

マイカー情報

駅から歩いて周遊できるコースなのでマイカーには適さないが、大月駅周辺には複数のコインパーキングがある。

49

19 御前山

山梨県　標高730m　中級者向き

| 行き | JR中央本線猿橋駅（徒歩約15分）→ 登山道入口 |
| 帰り | 菊花山（徒歩約45分）→ JR中央本線大月駅 |

とても低山とは思えない
高度感たっぷりの展望とスリル

DATA

歩行時間	3時間55分
歩行距離	5.5km
標高差	402m
累積標高差	登り621m 下り592m

ヤマタイムでルートチェック！

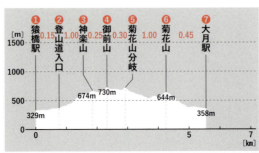

① 猿橋駅 329m ― 0.15 ― ② 登山道入口 ― 1.00 ― ③ 神楽山 674m ― 0.25 ― ④ 御前山 730m ― 0.30 ― ⑤ 菊花山分岐 ― 1.00 ― ⑥ 菊花山 644m ― 0.45 ― ⑦ 大月駅 358m

菊花山から見た大月の町。人の営みが感じられるのが低山の楽しみ

中央本線を挟んで岩殿山と向かい合う御前山は、山頂部が切り立った岩の塊になっている。厄王山（やくおうさん）とも呼ばれており、岩塊に登れば、富士山をはじめ絶景がひろがることで名高い。また、御前山から大月駅へ下山する過程で通る菊花山（きっかさん）も魅力的。富士山と大月の街の眺めがよい。菊花山はむかし、街への日差しを遮ってしまうことから貧乏山とも呼ばれていた。この2山、ともに800mに満たない低山だが、そうとは思えぬ高度感を感じられるのだ。

猿橋駅から歩き始め、舗装路を御前山に向かう。しかし、道標には九鬼山（きゅうきやま）しか書かれていない。少し残念に思うが、御前山の先が九鬼山なので、この道標に従って山道へ入っていく。なかなかの急坂を登り、神楽（かぐら）山へ寄り道し、ほどなくで御前山へ。御前山の山頂は狭く、5、6人くらいしか滞在できないので長居はせず、少し道が分かりにくい尾根道を確認しながら進み、菊花山への道標を目印に分岐を右へ。ここからは砂利の急斜面となるので慎重に。菊花山の山頂で絶景を目に焼きつけたら最後の下り。急勾配でクサリやロープ場もあり、足下と一緒に下の住宅地が見えるのが結構怖い。秋葉神社まで下りればもう安心だ。

春になるとツツジが満開となり、岩場と樹林帯の中に色を添える

富士山展望適期
4月中～5月中、11月上～12月上
山頂が庭園風で情緒のある御前山。新緑の頃と紅葉の時期がよい。また、駅から近い低山のため、降雪直後でも楽しめる。(2017年4月30日　6時4分撮影)

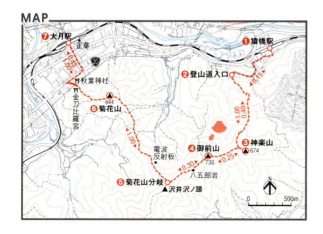

メニュー豊富な
駅前の町中華で下山メシ
大月駅の目の前にある町中華の「正華」は、麺類、揚げ物、丼物などなど、多くのメニューがあり、どれを食べても美味しい。気さくな女将さんが一人で切り盛りしている。営業は10時30分～21時。不定休。

大月駅も猿橋駅も、駅周辺にはいくつものコインパーキングがある。

20 山梨県　標高970m

中級者向き

九鬼山
（くきやま）

| 行き | 富士急行線禾生駅（徒歩約15分） → 落合水路橋 |
| 帰り | 池の山コース登山口（徒歩約25分） → 富士急行線田野倉駅 |

展望ポイントが幾度もある 駅からハイキングで富士山三昧

DATA

歩行時間	3時間40分
歩行距離	7.2km
標高差	577m
累積標高差	登り607m 下り638m

ヤマタイムでルートチェック！

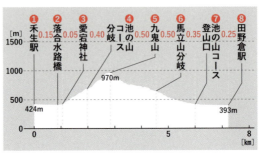

① 禾生駅 — 0.15 — ② 落合水路橋 — 0.05 — ③ 愛宕神社 — 0.40 — ④ 池の山コース分岐 — 0.50 — ⑤ 九鬼山 — 0.50 — ⑥ 馬立山分岐 — 0.35 — ⑦ 池の山コース登山口 — 0.25 — ⑧ 田野倉駅
424m ／ 970m ／ 393m

禾生駅のホームから、これから登る九鬼山が見えるのがいい

百蔵山とともに、桃太郎伝説が語り継がれている山がこちら。百蔵山で生まれた桃太郎が鬼退治にやってきた山で、9匹の鬼が棲んでいたので九鬼山と呼ばれたと伝わっている。山梨百名山の一峰であり、「都留市二十一秀峰」「秀麗富嶽十二景」に選定されていることと、富士急行線の禾（か）生（せい）駅から歩いて登山できる手軽さから、一年を通して人気が高い。数々の冠通り、眺めがよい山で、山頂で富士山が望めるほか、山頂手前の天狗岩や、富士見平からも絶景の富士山が眺められる。

禾生駅から国道を通り、レンガ造りの落合水道橋をくぐる。愛宕（あたご）神社コースと杉山新道コースの分岐があるので愛宕神社コースへ。池の山コースとの分岐を過ぎてしばらく行くと、「眺めよし 天狗岩」と矢印が書かれた魅惑的な看板があるので寄り道をしたい。都留市の街並みの上に富士山が美しく、寄り道の甲斐がある眺めだ。続いて富士見平に着き、ここでも富士山を眺める。その先がいよいよ山頂。山頂からは、富士山はもとより、百蔵山、扇山、高川山（たかがわやま）などの山々を見渡せる。山頂を後にしたら、四季折々の花を愛でながら稜線を進み、馬立山（うまたてやま）分岐から田野倉駅へ向かおう。

眼下にひろがる都留市の街並み。中央自動車道も見える

52

富士山展望適期

11月上〜3月下

富士山を見るなら山頂下の天狗岩が断然よく、紅葉時期と富士山が雪化粧する冬が美しい。また、降雪直後も楽しめる山。
（2014年4月3日　6時40分撮影）

趣のあるレンガ造りの水路橋を見学

コース序盤でアーチの下をくぐる落合水路橋は、水力発電で使う水を発電所に送るための橋。明治40年に建設。国の登録有形文化財に指定されている。橋の全貌を右手に見ながら進む。

マイカー情報　道の駅つるに車を停めることができる。落合橋まで歩いて15分ほど。

21 高川山

黎明の高川山山頂。
富士吉田へ続く光のモザイクはアートの世界だ

21 山梨県 高川山（たかがわやま）

標高 976m　中級者向き

行き：JR中央本線初狩駅（徒歩約30分）→ 高川山登山口
帰り：十字路（徒歩約25分）→ 富士急行線田野倉駅

好アクセス、360度でひろがる眺望、歩きやすい登山道で、超人気の低山

DATA

歩行時間	4時間5分
歩行距離	7.6km
標高差	582m
累積標高差	登り598m 下り664m

ヤマタイムでルートチェック！

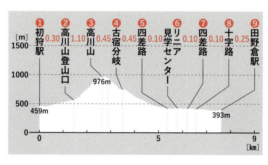

❶初狩駅 0.30　❷高川山登山口 1.10　❸高川山 0.45　❹古宿分岐 0.45　❺四差路 0.10　❻リニア見学センター 0.10　❼四差路 0.10　❽十字路 0.25　❾田野倉駅

高川山は、山梨県都留市と大月市の境にある山。桂川と笹子川にはさまれ、周囲から独立した感じで聳えている。「山梨百名山」だけでなく、都留市の「都留市二十一秀峰」、大月市の「秀麗富嶽十二景」に選定されている人気ぶり。中央線の初狩駅（はつかり）から歩き始めることができ、山頂までは約2時間、登山道は気持ちのよい樹林帯で、標高の割には変化に富んでいるため、初心者からベテランまで満足させてくれる山だ。

山頂は広く、富士山をはじめ、三ツ峠山、御正体山（みしょうたいやま）、南アルプスまで多くの山々を眺望できる。また、山の下をリニアモーターカーの実験線のトンネルが貫通している。

初狩駅からスタートすると、登山口についてすぐの分岐で男坂と女坂に分かれる。男坂は急登、女坂はゆるやかな坂となっているので、好みの坂を進み、後に合流する。ほどなくして山頂に到着。山頂には、見える山を記した展望方位盤が設置されているので、照らし合わせるのが楽しい。下山は複数のコースがあるが、真ん中の中谷入コースを選ぶ。リニア見学センターと尾県郷土資料館（おがた）へ立ち寄ることをおすすめしたいからだ。その後、富士急行線の田野倉駅へ行くとよい。

山頂で、富士山の反対側には大菩薩が見える。ツツジと新緑も美しい

日本の伝統的工法でありながら、西洋建築を模した尾県郷土資料館

富士山展望適期

12月上～3月中

ここは、富士山を見るならナンバーワンと言ってもいい山。すっきりと見える12月から3月がおすすめだ。作品は明け方、街が目覚める頃。
（2023年2月26日　6時27分撮影）

走行試験が見れるかも？
リニア見学センター

賛否両論あるリニアモーターカーだが、下山したすぐそばに見学センターがあるので立ち寄ってみよう。時速500kmの世界を学べる。開館は9時～17時（土日祝は13時～）。休館日は毎週月曜（祝日の場合は翌火曜）、祝日の翌日（金土日の場合は開館）。

マイカー情報

下山口となる田野倉駅には無料の駐車場がある。

57

Column. 02
ダイヤモンド富士を山頂で望む

弘法山から日没のダイヤモンド富士と秦野の街並み

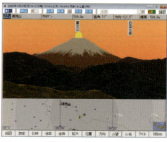

ダイヤモンド富士の日時が調べられるアプリやサイトを参考に。画像は「天体山望」

年末にダイヤモンド富士を高尾山で望むために集った大勢の登山者

　ダイヤモンド富士の名称は、日の出または日の入りのタイミングに富士山頂に太陽が重なって、ダイヤモンドが輝いているように見えることから来ています。美しく神秘的な現象ゆえに、登った山頂で眺められたら感動的な体験となるでしょう。

　右の表は、本書で紹介しているガイドコースの山頂からダイヤモンド富士が見られる日時のおもなリストです（2025年版）。基本的に山頂のど真ん中に太陽が来る日と時間を記しています。富士山の東側の山から見るダイヤモンド富士は日の入りの時の沈んでいく太陽、西側から見る場合は日の出の時の登ってくる太陽になります。

　山頂ど真ん中のダイヤモンド富士にこだわらなければ、記した日にちの前後の日でも見られます。特に高尾山は例外で、12月13日頃から12月28日頃まで、2週間近くの間、見ることができます。

ダイヤモンド富士が山頂で見られる日時（2025年版）

01	高指山	11月5日 16：03
02	石割山	11月25日 15：48
07	竜ヶ岳	12月8日 07：33
10	高尾山	12月23日 16：12
35	高麗山	4月4日 17：46、9月7日 17：42
36	弘法山	3月23日 17：34、9月19日 17：21
37	大山	10月11日 16：56
38	三ノ塔	10月11日 16：55
39	高松山	3月17日 17：25、9月26日 17：09
40	ミツバ岳	10月17日 16：35
41	矢倉岳	4月15日 17：44、8月27日 17：46
42	金時山	5月11日 18：06、8月1日 18：16
51	鋸山	4月19日 18：06、8月23日 18：09
52	御殿山	4月25日 18：13、8月17日 18：19
53	阿部倉山	4月6日 17：53、9月5日 17：49
54	大平山	3月28日 17：45、9月14日 17：36
55	披露山	4月6日 17：52、9月5日 17：48

奥多摩・大菩薩・奥秩父の山

大菩薩の朝。歩いて行けそうな大雲海が広がっていた

22	大怒田山	60
23	大岳山	62
24	浅間嶺	64
25	三頭山	66
26	雲取山	68
27	鶴寝山	70
28	雁ヶ腹摺山	72
29	白谷ノ丸	74
30	大菩薩嶺	76
31	小楢山	78
32	帯那山	82
33	八王子山	84
34	飯盛山	86

22 大怒田山（おおめたやま）

東京都　標高 1054m

中級者向き

行き	JR五日市線武蔵五日市駅（藤倉行きバス／約28分） → 白倉バス停
帰り	千足バス停（武蔵五日市駅行きバス／約29分） → JR五日市線武蔵五日市駅

急登、展望、岩場、滝。
登山の楽しみをぎゅっと詰めたコース

DATA

歩行時間	4時間25分
歩行距離	6.2km
標高差	762m
累積標高差	登り839m 下り860m

ヤマタイムでルートチェック！

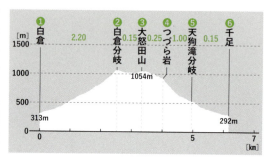

　大怒田山は、軍道から大岳山（おおだけさん）へ延びる馬頭刈（まずかり）尾根上にあるピークで、ガイド本などでは通過点で扱われることも多い。しかし、富士山を見るという観点でいうと、とても魅力的なコースを組める山だ。
　スタートは白倉バス停。すぐ脇には大岳山登山口の看板がある。大怒田山へは、この大岳山へ行く途中で分かれて行く。大嶽（おおだけ）神社の里宮に立ち寄り、神社脇から登山道へ入ると、道は大岳山の山頂付近にある大嶽神社の本宮へと続いている。つまり、登山道は神社の参道というわけだ。なかなかの急登で息が上がるが、登るごとに数が増える丁目石に励まされて進もう。富士山の頭が見えてくると、ほどなくして白倉分岐。ここで直進すれば大岳山なので、往復でプラス1時間ほどの時間と体力が許せば足をのばしてもよい。
　白倉分岐からは富士山が見え隠れしながら稜線を進む。すると、ベンチのある見晴らしのよい休憩ポイントがあり、次にあずまやがある富士見台となり、すぐ先が大怒田山の山頂だ。先へ進むと、今度は正面に大きな岩壁「つづら岩」が立ちはだかる。脇へ回って右手の急斜面を下り、綾滝、天狗滝、小天狗滝の、3つの滝をめぐり進めば、ゴールの千足バス停へ到着する。

緑が深い山々と頭が白い富士山のコンビが奥多摩らしい風景

天狗滝は落差約20m。滝のそばまで下りられる

MAP

富士山展望適期
10月中〜12月上
この山で富士山を見るとはあまり思いつかないかもしれないが、実は安定した富士山を見ることができる。欲を言えば、紅葉と一緒に展望が楽しめる時期がベスト。
（2023年11月19日　6時31分撮影）

岩盤に挑む雄姿に見惚れてしまう

ロッククライミングの練習場として有名なつづら岩。メインの南面は高さ40m、幅60mという巨大さ。週末になると必ずと言うほどクライマーが練習に励んでおり、活気ある掛け声が響いている。

マイカー情報　スタートおよびゴールの地点付近に駐車場はないが、千足バス停から徒歩10分ほどのところに無料の払沢の滝駐車場がある。

23 大岳山
おおだけさん

東京都　標高 1266m

中級者向き

| 行き | 御岳登山鉄道滝本駅（ケーブルカー／約6分）→ 御岳山駅 |
| 帰り | 大岳鍾乳洞入口バス停（武蔵五日市駅行きバス／約36分）→ JR五日市線武蔵五日市駅 |

山容が特徴的な超メジャー山

DATA

歩行時間	5時間15分
歩行距離	11.3km
標高差	917m
累積標高差	登り837m 下り1323m

ヤマタイムでルートチェック！

①御岳山駅 835m — 0.15 — ②富士峰園地 929m — 0.20 — ③御岳山 — 0.55 — ④鍋割山分岐 — 1.05 — ⑤大岳山 1266m — 0.50 — ⑥白倉分岐 — 1.25 — ⑦大岳鍾乳洞 — 0.25 — ⑧大岳鍾乳洞入口 349m

御前山、三頭山とともに奥多摩三山と呼ばれている大岳山は、「日本二百名山」や「花の百名山」にも選定されており、とても人気がある山だ。片肩上がりの独特な山容が遠くからでもよく分かり、江戸時代には江戸湾に出入りする船の目標でもあったという。余談だが、地元では大岳山のことを、山頂部がぴょこっと飛び出た姿からキューピー山と呼んでいるそうだ。

大岳山に登るコースでもっとも楽なのは、ケーブルカーを使って御岳山へ登り、登山道をたどるコース。御岳山もまた、都心からのアクセスのよさで人気があり、山頂には武蔵御嶽神社が置かれている。鍋割山分岐を過ぎ、クサリのある岩場を通過したら大岳山へ到達する。広い山頂からは、馬頭刈尾根や浅間尾根のかなたに富士山を望み、収まりのよい美しい風景がひろがる。

下山はそのまま先へ進み、白倉分岐から大岳鍾乳洞を目指すとおもしろい。ここから先は東京都環境局が整備する関東ふれあいの道「鍾乳洞と滝のみち」の一部のため、よく整備された道で歩きやすくなっている。大量の水が流れ落ちる大滝に歓声をあげ、山行の締めくくりは鍾乳洞見学で決まりだ。

ケーブルカーを降りると土産物店や飲食店が並ぶ賑やかな参道

山頂で富士山が見える反対側にはスカイツリーが見える

富士山展望適期

5月上～5月下、
11月上～11月下

奥多摩の名峰の一つなので新緑か紅葉の時期が最適。冬もいいが軽アイゼンが必携で歩行時間が増えるのを覚悟したい。
(2012年11月10日 7時49分撮影)

レンゲショウマの大群落に出会う

ケーブルカー山頂駅のすぐそばの富士峰園地あたりはレンゲショウマの群生地となっている。斜面一帯に約5万株の花が咲き、その規模は国内最大級。8月の開花期には多くの見物客で賑わう。

マイカー情報 ケーブルカーに乗る滝本駅近くに駐車場があり、大岳山を往復するなら利用可。

24 浅間嶺
東京都　標高903m

中級者向き

行き	JR五日市線武蔵五日市駅（数馬行きバス／約45分）→ 人里バス停
帰り	払沢の滝入口バス停（武蔵五日市駅行きバス／約22分）→ JR五日市線武蔵五日市駅

アップダウンの少ない気持ちのよい尾根歩き

DATA

歩行時間	4時間37分
歩行距離	9.3km
標高差	627m
累積標高差	登り697m 下り906m

ヤマタイムでルートチェック！

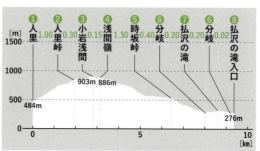
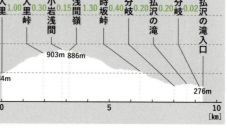

檜原村

原村の中央を横断する浅間尾根の途中に位置する浅間嶺。珍しい山名だが、嶺とは山の頂のことを言うため、尾根上で最も高い標高の地点を指している。浅間尾根は江戸時代には木炭や米、塩などの生活用品を運んでいたそうで、時折あらわれる古い石仏や庚申塔に、その面影が感じられる。

浅間嶺の標高は903mと低く、アップダウンが少ない浅間尾根は幅広で歩きやすいため、ハイキング入門の山としても人気がある。ここでは人里バス停からスタートするコースを紹介しよう。樹林帯を登り、約1時間で尾根道に突きあがる。ここが人里峠。「人里」と書いて「へんぼり」と読むとは、なんて難読な地名だろうか。浅間嶺方面に向かうと、御前山や大岳山が見えてきて、道が二手に分かれる。右へ進み、登りついたところが浅間嶺山頂だ。眺望はまったくなく手製の標識があるだけだが、それでもやはり、山頂は踏んでおきたい。浅間広場に下り、少し登り返すと、今度は立派な標識が立つ展望台に着く。富士山が大きくそびえ、左には丹沢の山々が続いている。展望台からはほぼ下り。峠の茶屋跡を過ぎ、時坂峠を通過すると払沢の滝の駐車場が見えてくる。

全4段からなる払沢の滝は落差約60mの迫力

満開のヤマザクラ越しに見えるは大岳山。展望台より

富士山展望適期

4月中〜5月上

ここは何と言っても春がいいだろう。ヤマザクラが多くあり、その開花にあわせて登りたい。作品はサクラと新緑を抱える富士山。(2022年4月22日　8時57分撮影)

名水で作った豆腐が絶品

払沢の滝に訪れた人が高確率で立ち寄る豆腐店「ちとせ屋」。檜原村の清水と厳選された国産大豆、赤穂の本にがりを使ったこだわりの味が好評で、おからを豆乳で練ったうの花ドーナツも人気。営業は9時30分〜16時30分。火曜および第1・3・5月曜定休。

マイカー情報

ゴール地点の払沢の滝入口バス停そばに、滝の見学者用の無料駐車場がある。約28台駐車可能。

25 三頭山
み と う さん

東京都・山梨県　標高 **1531m**

初級者向き

行き	JR五日市線武蔵五日市駅（都民の森行き急行バス／約1時間8分）
	→ 都民の森バス停
帰り	都民の森バス停（武蔵五日市駅行き急行バス／約1時間8分）
	→ JR五日市線武蔵五日市駅

都民の森にあり、よく整備されたコース

DATA

歩行時間	2時間55分
歩行距離	5.5km
標高差	539m
累積標高差	登り654m／下り654m

ヤマタイムでルートチェック！

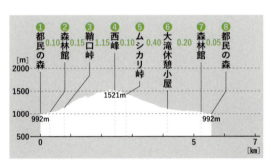

① 都民の森　0.10
② 森林館　0.15
③ 鞘口峠　1.15
④ 西峰　0.10
⑤ ムシカリ峠　0.40
⑥ 大滝休憩小屋　0.20
⑦ 森林館　0.05
⑧ 都民の森

992m — 1521m — 992m

西峰の山頂はとても広く、眺望も開放感も抜群だ

東京都と山梨県にまたがる三頭山だが、実は「三頭山」という山はなく、3つの山頂「西峰」「中央峰」「東峰」からなっている。中央峰が最高点で、1531ｍの標高を持つ。ブナの原生林が残り、トチノキやカツラなどの広葉樹に包まれた、新緑や紅葉が美しい、素晴らしい景観の山である。

1990（平成2）年に、東京都が三頭山周辺を「都民の森」として整備したことで、様々な施設や複数の登山コースが作られた。丁寧に道標がたてられ、随所にトイレやベンチが用意されているので、安心して登山を楽しめるだろう。

まずは都民の森入口から鞘口峠へ向かう。見晴小屋を過ぎ、最初に着くのは東峰。続いてベンチがある中央峰に着き、次が実質的に山頂として扱われている西峰となる。西峰がいちばん広く、多くの登山者がくつろいでいる。南北に広大な展望がひらけ、冬の晴れた日は富士山の裾野まで見ることができるのだ。

下山はムシカリ峠まで階段が続くので、転倒に気をつけたい。ムシカリ峠からは三頭大滝の方面へ向かい、つり橋から滝を眺め、ウッドチップが敷かれた森林セラピーロードを通って出発地へと周回しよう。

イキイキとした新緑がまぶしいブナ林

富士山展望適期

通年

都民の森を利用すればオールシーズンで登山ができ、富士山を眺められる。ただ、強いてあげれば4月下旬から5月中旬の新緑と10月中旬から11月下旬の紅葉がいい。(2019年5月24日 10時58分撮影)

下山後にぴったりの温泉施設が近くに

ぜひ帰りに立ち寄りたい「数馬の湯」は、アルカリ性単純温泉なので刺激が少なく、肌がツルツルになる。都民の森から武蔵五日市に向かう県道沿いにあるのでわかりやすい。内湯、露天風呂、サウナがある。営業は10時〜19時。月曜定休（祝日の場合は翌日）。

マイカー情報

都民の森には約100台駐車可の無料駐車場がある。ただし、夜から早朝は閉門されるので注意を。

26 雲取山(くもとりやま)

埼玉県・東京都・山梨県　標高 2017m

上級者向き

行き	JR青梅線奥多摩駅(鴨沢西行きバス／約34分) → 鴨沢バス停
帰り	鴨沢バス停(奥多摩駅行きバス／約36分) → JR青梅線奥多摩駅

山小屋泊まりでチャレンジする東京都の最高峰

DATA 1泊2日合計

歩行時間	9時間20分
歩行距離	22.2km
標高差	1475m
累積標高差	登り1959m／下り1959m

ヤマタイムでルートチェック！

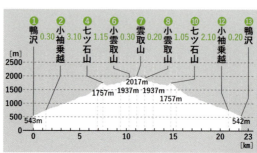

雲 取山は、埼玉県・東京都・山梨県の境界に位置し、東京都の最高峰を誇る。東京都民はもちろん、そうでなくても一度は登ってみたい山だろう。日本百名山にも選ばれている。見晴らしがとてもよく、奥多摩の山々や富士山、関東平野を望むことができ、日の出時には多摩川と荒川がキラキラと光り、東京湾や房総半島、都心のビル群までを一望できる。また、サルやシカなどの野生動物と出会うこともも多い。

登山道はよく整備されているので歩きやすいが、コースタイムが長いため、雲取山荘で1泊するプランを組むとよい。

複数あるコースのなか、もっともよく登られているのは、七ツ石山(ななついしやま)、小雲取山を越えて雲取山をめざす鴨沢コース。途中に水場や休憩地があり、安心感が高いからだ。樹林帯の中を登り、七ツ石小屋を過ぎるとやや急になり、七ツ石山に到着。山頂からは、めざす雲取山へと続く稜線を一望できる。かつては奥多摩小屋があり、今は五十人平(ごじゅうにんだいら)野営場のオープンに向けて整備が進められている広場と小雲取山、避難小屋を過ぎると、いよいよ雲取山山頂だ。山頂からは今夜の寝床、雲取山荘へ。翌日、復路も同じコースを下山する。

山小屋泊だからこそ見ることができる夜景。東京はまばゆい

雲取山避難小屋はとてもきれい。泊まりたくなるが、あくまでも緊急用

富士山展望適期

5月中〜6月上、10月中〜11月上

四季を通して人気のある山。山小屋を利用すればオールシーズン楽しめる。特に新緑と紅葉の時期がおすすめ。作品は奥多摩小屋跡付近から。(2020年10月25日　8時27分撮影)

七ツ石小屋に泊まるのも名案

雲取山荘より手前の七ツ石小屋に宿泊するプランもおすすめ。1日目の行動時間を短くし、翌日は荷物を置いて身軽に雲取山に登頂し、下山することができる。環境に配慮したバイオ式トイレを完備。利用時は協力金を支払おう。

コース途中の小袖乗越手前に、無料の丹波山村村営駐車場がある。40台程度駐車可能。

27 鶴寝山

山梨県　標高 1368m　中級者向き

| 行き | JR中央本線上野原駅（飯尾行きバス／約1時間7分）→ 鶴峠バス停 |
| 帰り | 小菅の湯バス停（大月駅行きバス／約1時間）→ JR中央本線大月駅 |

広葉樹の森の中を進み
多くの巨樹に出会う登山道

DATA

歩行時間	5時間
歩行距離	10.2km
標高差	639m
累積標高差	登り772m 下り914m

ヤマタイムで
ルートチェック！

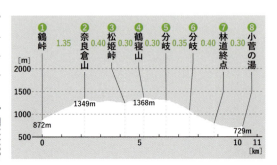

① 鶴峠　1.35　② 奈良倉山　0.40　③ 松姫峠　0.30　④ 鶴寝山　0.30　⑤ 分岐　0.35　⑥ 分岐　0.40　⑦ 林道終点　0.30　⑧ 小菅の湯

872m / 1349m / 1368m / 729m

巨樹のみちは、気になる木が多く、寄り道ばかりでなかなか進めない

　名も素敵な鶴寝山は、大菩薩嶺の東側に延びる尾根、牛ノ寝通り上にある山で、ブナやミズナラなど、広葉樹の木々が多いのが特徴だ。新緑の頃はみずみずしい生命力を感じながら、また紅葉の頃は美しい自然の芸術を感じながら、ゆったりとした気持ちで歩くことができる。山頂近くは「巨樹のみち」と名がつくほど幹回りが太い巨木も数多くあり、なかでも推定樹齢600年のトチの巨木は悠久の歴史に思いを馳せずにはいられない。

　スタートは鶴峠のバス停。まずは「秀麗富嶽十二景」のひとつである奈良倉山で富士山を眺め、松姫峠へ向かう。武田信玄公の娘である松姫が、織田軍から逃れるためにこの峠を越えたと伝わる。峠のあたりもブナの森となっており、落ち葉を踏みしめて進めば、鶴寝山の山頂に到着となる。富士山の眺望がひろがる広くて明るい山頂だ。山頂のすぐ先にはブナの巨木が静かに立っている。この先が巨樹のみちとなり、存在感のある巨樹が次々に現れる。大マテイ山への分岐を過ぎ、トチの巨木に出会ったら幹にそっと手を触れてみたい。やがて、ワサビ田が見えてきて、人の気配が濃くなってくると小菅の湯に到着する。

峰々が折り重なる美しい眺め。松姫峠付近を望む

富士山展望適期
5月上～5月下、11月上～11月下
広葉樹が多いため、新緑と紅葉の頃は言葉では言い表せないほど、樹々が美しい山である。その時期を狙って訪れたい。(2015年11月27日 7時49分撮影)

小菅の湯で
登山の締めくくりを
高アルカリ性温泉で肌がつるつるになると評判の「小菅の湯」は、山帰りの登山者で賑わう。湯上処で寛げ、食事処があり、バス便が多いので便利。営業は10時～18時。金曜定休。

マイカー情報
途中の松姫峠には8台駐車できる無料駐車場があり、ゴールの小菅の湯は隣に道の駅がある。

28 雁ヶ腹摺山

山梨県　標高 1874m　中級者向き

| 行き | JR中央本線大月駅（タクシー約45分）➡ 大峠 |
| 帰り | 大峠（タクシー約45分）➡ JR中央本線大月駅 |

隣の姥子山まで縦走し ダブルで絶景富士をおがむ

DATA

歩行時間	4時間25分
歩行距離	6.4km
標高差	371m
累積標高差	登り808m 下り808m

ヤマタイムでルートチェック！

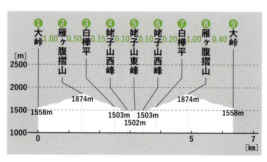

① 大峠 — ② 雁ヶ腹摺山 1.00 — ③ 白樺平 0.50 — ④ 姥子山西峰 0.15 — ⑤ 姥子山東峰 0.10 — ⑥ 姥子山西峰 0.10 — ⑦ 白樺平 0.20 — ⑧ 雁ヶ腹摺山 1.00 — ⑨ 大峠 0.40

1558m / 1874m / 1503m / 1502m / 1503m / 1874m / 1558m

　この山は、なかなか興味深い山名だと思う。名の由来はこうだ。渡り鳥であるガンが、その腹をこするようにして超えていった大峠に「雁ガ腹摺」と名が付き、その近くの頂が山名になったのである。しかも南大菩薩周辺には、「雁ガ腹摺」を名乗る山が3つあり、当山のほかは笹子雁ヶ腹摺山と牛奥ノ雁ヶ腹摺山。3山すべてを踏破するのもおもしろい。

　雁ヶ腹摺山は自然がとても魅力的で、シオジ、モミ、ツガなどの様々な植物を見ることができる。中でも6月中旬に見頃となるミツバツツジは2〜3mの高さがあり、見事である。また、秋にはカエデやナナカマドなどが山を彩る。

　登山口である大峠へはタクシーかマイカーで行く。大峠の駐車場からわずか1時間で山頂に立つことができ、難所はないので初心者も楽しめるだろう。道中も富士山を望めるが、山頂に着いたらさらに美しい富士の姿をおがむことができる。登頂後は隣の姥子山へと縦走したい。姥子山は西峰と東峰にわかれているが、眺望は東峰のほうがよく、富士山と南アルプス、遠くスカイツリーまでも見える。帰りに再度、雁ヶ腹摺山で富士山を眺め、大峠に戻ろう。

大峠から歩き始めてすぐに、御硯水と書かれた湧き水がある

姥子山の山頂からの眺めもすばらしい。ぜひ2山とも訪れたい

富士山展望適期

5月中〜6月上、10月中〜11月上

大月市選定の「秀麗富嶽十二景」の1番山頂になっているほど富士山が美しい山である。一年中美しいのだが、新緑と紅葉の頃はさらに秀麗。作品はみずみずしい新緑。(2022年5月28日 5時23分撮影)

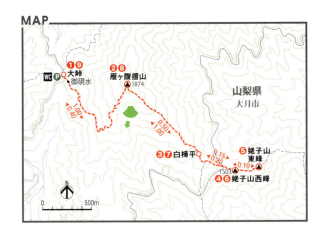

旧500円札の絵柄はここ

雁ヶ腹摺山の頂上から見える富士山の景色は、旧500円札の絵柄となったことで有名。もはや500円札を使用したことがない世代も多いだろうが、絵柄に採用されるほど美しい景色ということだ。要チェック。

マイカー情報

大峠に10台程度収容できる無料駐車場がある。

29 白谷ノ丸
しらやのまる

山梨県　標高 1920m

初級者向き

| 行き | JR中央本線甲斐大和駅（タクシー／約30分） → 湯ノ沢峠 |
| 帰り | 湯ノ沢峠（タクシー／約30分） → JR中央本線甲斐大和駅 |

草原にのびる一本道を進むと富士山がお出迎え

DATA
歩行時間	2時間6分
歩行距離	3.1km
標高差	341m
累積標高差	登り390m 下り390m

ヤマタイムでルートチェック！

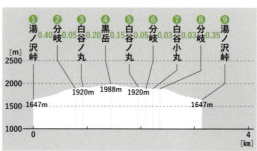

湯ノ沢峠は10台程度停められる駐車場とトイレ、避難小屋がある

大菩薩嶺から滝子山まで2000m級の峰々が連なる縦走路がある。その中間点に湯ノ沢峠があり、すぐ北にあるピークが白谷ノ丸。ピークの南東にはザレた砂地があり、遠くから見ると白く見える。登山口となる湯ノ沢峠は標高が1652mのため、標高1920mの白谷ノ丸との差はわずか約270m。歩行時間だって1時間足らずと短い。いやはや、こんなに手軽でありながら、山頂から美しい富士山を眺められるとは、ちょっぴり得した気分になるものだ。

登山口から急勾配を登り続け、右に白谷小丸をみて進むと白谷ノ丸にたどり着く。平坦な展望スペースがあり、雄大な富士山とご対面。南アルプスも端から端まで一望できる。また、5月下旬から6月上旬には群生するミツバツツジが開花し、山肌をピンクに染めるのも必見だ。

白谷ノ丸を後にしたら、少し歩き足りないので黒岳へ。途中は広葉樹林が広がっていて気持ちいいが、山頂に近づくと縞枯れ現象が見られ、不思議な景観となる。山頂は展望がないのでタッチして引き返し、もう一度、白谷ノ丸を通り、白谷小丸へ立ち寄れば、こちらも大絶景。急な下りを足元に注意しながら進んで湯ノ沢峠へ帰ろう。

ミツバツツジ越しの富士山。白谷ノ丸は花が多い山

MAP

富士山展望適期

5月中～8月上

花が多い山なので花越しの富士山を狙いたい。ミツバツツジが咲く5月中旬から夏の花が多く見られる8月の初旬がおすすめ。作品はコウリンカと富士山。（2021年8月1日　6時1分撮影）

線路跡を歩ける大日影トンネル遊歩道

勝沼IC近くの「大日影トンネル遊歩道」がおもしろい。明治36年から平成9年まで中央本線で使用されていたトンネルで、線路や水路、蒸気機関車から排煙された煤など、当時の面影を残している。毎日9時～16時に無料で通行可能。

マイカー情報　このコースはマイカーが最善策。登山口にトイレがある駐車場がある。

30 大菩薩嶺
山梨県　標高2057m
中級者向き

| 行き | JR中央本線甲斐大和駅（上日川峠行きバス／約41分） → 上日川峠バス停 |
| 帰り | 上日川峠バス停（甲斐大和駅行きバス／約41分） → JR中央本線甲斐大和駅 |

2000m越えの山でありながら登りやすい。絶景を見ながら進む爽快コース

DATA

歩行時間	3時間15分
歩行距離	7.3km
標高差	470m
累積標高差	登り591m／下り591m

ヤマタイムでルートチェック！

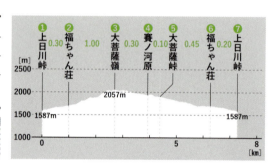

秩父多摩甲斐国立公園に属する大菩薩嶺は日本百名山のひとつ。登山口となる上日川峠が約1600mの標高のため、2057mの標高でありながらも、なだらかな稜線を進むこととなり、登山初心者にもおすすめの山だ。中里介山が大正時代に書いた大長編小説『大菩薩峠』でも名高い。大菩薩峠はかつて、武蔵国（東京）と甲斐国（山梨）を結ぶ重要な峠だった。

山頂は林に囲まれているため展望はないが、少し下った雷岩から大菩薩峠までの開放的な尾根道では、南アルプスや八ヶ岳、御坂山塊、大菩薩湖の眺望がひろがり、富士山は裾野まで見渡せる。足元には高山植物が可憐に揺れ、秋の紅葉も美しい。落ち葉をザクザクと踏み、カラマツのシャワーを浴びることができるだろう。

中里介山から名をつけた介山荘。宿泊し、夜景や日の出を拝むのもいい

バス停と駐車場がある上日川峠から出発し、福ちゃん荘を経由してカラマツが美しい唐松尾根で大菩薩嶺の山頂へ。その後、雷岩まで戻り、左へ行き、神部岩のあたりでも景色を楽しみ、ササ尾根をなだらかに下って賽ノ河原へ。大菩薩峠で介山荘を目印に福ちゃん荘へ向かい、上日川峠に戻る。この周回コースなら、3時間と少しで大菩薩嶺の魅力を存分に楽しめるのだ。

賽ノ河原から見上げる大菩薩嶺へののびやかな稜線

MAP

富士山展望適期
4月上〜11月下

作品は神部岩付近からの富士山。この日は雲海が現れてくれた。アルペン的な山歩きが楽しめる山なので、冬を除く3シーズンがいい。(2022年10月28日 7時15分撮影)

帰りに寄りたい、
高アルカリの山のいで湯

中央本線の塩山駅で下車し、バスで行くことができる「大菩薩の湯」。世界的にも珍しい高アルカリ性温泉で、登山で疲れた体を癒したい。食事処もある。営業は10時〜21時。定休日は4〜10月は第3火曜、11〜3月は毎週火曜日。

マイカー情報

上日川峠には第1、第2、第3の3つの駐車場があり、合わせて120台収容できるが、土日や夏休み期間などは朝9時に満車になることも。その場合は大菩薩湖北岸にある第4駐車場へ。300台収容可能で上日川峠まで徒歩10分。

77

31 小楢山

小楢山から見た浮かび上がる甲府の街明かり。
幻想的な光景は千載一遇の出逢いだった

31 山梨県 標高 1713m

初級者向き

小楢山（こならやま）

| 行き | JR中央本線塩山駅（タクシー約50分）→ 焼山峠 |
| 帰り | 焼山峠（タクシー約50分）→ JR中央本線塩山駅 |

甲府盆地を一望する広い山頂はレンゲツツジの群生地

DATA

歩行時間	2時間15分
歩行距離	5.3km
標高差	186m
累積標高差	登り376m 下り376m

ヤマタイムでルートチェック！

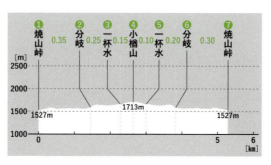

小楢山は、ミズナラなどナラの木が多いことから名が付いたという説と、鎌倉時代から室町時代にかけての禅僧・夢窓国師（むそうこくし）がこの地で修行し、古那羅山（こならやま）と名付けたとされる説がある。また、ほうとうの生地を作るときに使う権鉢（ごんばち）に似ていることから地元の人には「権鉢山」とも呼ばれている。登山道はよく整備され、標高差も少ないため、初心者にも人気の山だ。山頂からは甲府盆地が一望できるのがいい。

また、山頂北側は錫杖（しゃくじょう）ヶ原という野原になっており、初夏には紅色のレンゲツツジが群生することも特筆したい。その他、季節ごとにさまざまな山野草が咲き誇る。

バスの便がないので、最寄りの塩山駅からタクシーで焼山峠（やけやまとうげ）に行こう。ここが登山口。たくさんの子授け地蔵が出迎える峠を出発し、ゆるやかなアップダウンで森の中を歩いて行くと、新道と旧道の分岐があり、どちらに行っても後に合流する。合流地点に、日本武尊（やまとたけるのみこと）が標的にして矢を射ったと伝わる「的石」があるので見逃さないように。高原状の山頂では、御坂山塊越しの富士山が見事だ。西には南アルプスを望む。下山は来た道をたどって焼山峠へ戻る。

山頂は広く、のびのびとしていて気持ちがよい

お地蔵さんを持ち帰り、子供が授かったら2体にして返す子授け地蔵

富士山展望適期

11月中〜3月中

甲府市街を見下ろせる山で展望は抜群。冠雪している富士山とともに見るとさらによいので、展望適期は冬とする。作品は奇跡的な雲海と富士山の絵となった。（2024年11月22日　8時3分撮影）

とびきりスパイシーな絶品スリランカカレー

本格的なスリランカ料理が味わえる「ビストロラウンジはやぶさ」。下山後、塩山駅に帰る途中にある。営業は11時30分〜14時30分、17時30分〜23時。月・火曜定休。

登山口の焼山峠へのバス便がないため、このコースはマイカーが最適。焼山峠には15台程度停められる無料駐車場がある。きれいなトイレもある。

81

32 帯那山
おびなやま

山梨県　　標高 **1422m**　　初級者向き

| 行き | JR中央本線山梨市駅（山梨市民バス北回り／約40分）→ 戸市バス停 |
| 帰り | 戸市バス停（山梨市民バス北回り／約40分）→ JR中央本線山梨市駅 |

見晴らし抜群！
明るい山頂は気分爽快

DATA

歩行時間	2時間40分
歩行距離	6.0km
標高差	407m
累積標高差	登り472m／下り472m

ヤマタイムでルートチェック！

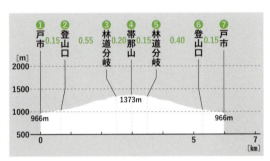

① 戸市 — 0.15 — ② 登山口 — 0.55 — ③ 林道分岐 — 0.20 — ④ 帯那山 — 0.15 — ⑤ 林道分岐 — 0.40 — ⑥ 登山口 — 0.15 — ⑦ 戸市

966m　1373m　966m

帯那山の山頂直下はススキ野原。昔は牧場があったという

帯那山の名前は、稜線が帯のように長いため、帯野山と呼ばれていたのが訛（なま）ったといわれている。山頂周辺に5月上旬から中旬には吉野桜が咲き、6月中旬にはアヤメが咲くことで名高い。山頂直下まで林道が通っており、林道の脇に車を停めてしまえばわずか数分で登頂できるが、それでは物足りないので、中央本線の山梨市駅からバス便がある山麓の戸市（といち）から登るコースを紹介しよう。ただし、登山に使えるのは12時34分発（2025年1月現在）の1便のみなので、計画は綿密に立てたい。

バス停から15分ほど舗装路を歩くと登山口があり、ここからゆるやかに登っていく。やがて林道を横切り、ほどなくすると一面が草地の山頂に着く。実はこの山頂、帯那山の標柱はあるが、三角点はさらに10分ほど北上した樹林の中にあり、こちらには奥帯那山（帯那山三角点）の標柱がある。ややこしいが、休憩は展望のよい手前の山頂でとりたい。甲府盆地がひろがり、その向こうに富士山がそびえ、秩父の山々や南アルプスも望む。しばしば雲海が発生する山としても有名だ。休憩後は来た道を戻って戸市バス停へ。17時発（2025年1月現在）のバスに乗り遅れないように。

ほのぼのとしたシチュエーションの戸市バス停

MAP

富士山展望適期

9月中～11月上

山頂一帯はススキが多い山なので、ぜひとも絡めて富士山を眺めたい。秋にしか出会えない絶景である。（2023年11月4日 7時26分撮影）

日帰り利用もできる温泉宿

塩山温泉の「宏池荘」は、JR中央本線の塩山駅から徒歩10分にあるアットホームな宿。日帰りで温泉を利用できるのがありがたい。登山の拠点として利用する宿泊客も多い。

コース中に駐車場はない。ただし、南下した林道脇に駐車スペースがあり、すぐ近くから登山道がのびているため、本コースとは違うコースになるが、帯那山に行くことはできる。

83

33 山梨県　標高640m

中級者向き

八王子山
はちおうじやま

| 行き | JR中央本線甲府駅（韮崎駅行きバス／約11分）→ 湯村温泉入口バス停 |
| 帰り | 塩部バス停（甲府駅行きバス／約8分）→ JR中央本線甲府駅 |

街に近く、気軽に登れる里山を4山制覇する楽しみ

DATA

歩行時間	3時間10分
歩行距離	7.1km
標高差	348m
累積標高差	登り488m 下り489m

ヤマタイムでルートチェック！

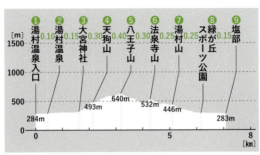

八王子山は甲府市北部にある低山。白砂で山肌が覆われている特徴から、地元では白山と呼ばれている。山頂には白山八王子神社があり、よく手入れされた祠を見ると、人々に大切にされていることがよくわかる。山頂からは甲府盆地の眺めがよく、富士山や南アルプス、茅ヶ岳などの大展望がひろがる。また、夜景スポットとしても人気が高い。この八王子山を中心に、近くの山をつないで歩くと、街中の低山の割に見どころが多いコースとなるので紹介しよう。名付けて甲府4山制覇コース。

湯村温泉入口のバス停からスタートし、大宮神社の裏手からはじまる登山道で天狗山を目指す。山頂手前はガレ場もあるので注意を。山頂付近には高さ約6mの積石塚古墳があり、関東で最大級の規模をほこる。気を引き締め、次は八王子山へ。高度を上げていき、視界が開けてくると山頂だ。想像を超えた絶景を拝み、階段状にくりぬいた大岩を下って次の法泉寺山へ向かう。ここの山頂はひっそりと静かである。石段や石畳を下り、2022（令和4）年に復活した烽火台を過ぎ、次の湯村山へ着くと、ここからも木々の間から富士山が見える。4山をめぐり終えたら塩部バス停へ。

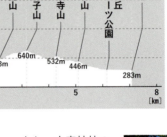
八王子山から南アルプスを望む。街中低山とは思えない眺望

石の上には白山八王子神社があり、人々を見守っているよう

MAP

富士山展望適期
11月上〜3月下

ぜひ見て欲しい景色は、作品のような富士山と夜景。街に近い山ならではのシーンである。また、それ以外は雪のある富士山を楽しみたい。(2023年2月26日　18時18分撮影)

歴史のある名湯で汗を流す
コースを反対にまわり、湯村温泉に立ち寄るのもいい。1200年前に弘法大師が開湯したと伝わる温泉だ。武田信玄の隠し湯としても知られる。写真は日帰り利用も受け付ける湯量豊富な「柳屋」の岩風呂。

 緑が丘スポーツ公園には約300台収容できる無料の駐車場がある。

34 長野県 標高 1643m

初級者向き

飯盛山
めしもりやま

| 行き | JR小海線野辺山駅（野辺山周辺観光バス／約28分）→ しし岩駐車場バス停 |
| 帰り | 平沢橋（徒歩約25分）→ JR小海線清里駅 |

ごはんを盛ったようなきれいな姿の山は高山植物の宝庫

DATA

歩行時間	3時間
歩行距離	6.8km
標高差	445m
累積標高差	登り372m 下り545m

ヤマタイムでルートチェック！

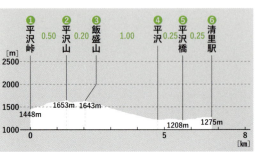

野辺山駅はJR線でもっとも標高が高い駅。駅舎のデザインがかわいい

清里高原の東にそびえる飯盛山は、その名の通り茶碗に盛られたご飯のような山容をしている。山頂付近に高い樹木はなく、広々とした草原になっているため、見晴らしがとてもよい。清里高原を挟んで対峙する八ヶ岳連峰がそびえるだけでなく、富士山をはじめ、南アルプスや奥秩父なども一望でき、すがすがしい眺めだ。夏にはニッコウキスゲ、ウツボグサ、マツムシソウ、オダマキなどの高山植物が咲き乱れ、まさに楽園の景色となる。また、途中で放牧された牛に会うこともあり、楽しい山歩きができるのだ。

4月下旬から11月下旬まで運行される野辺山周辺観光バスを利用すれば、平沢峠まで行ける。ここには溶岩が集積し、ししの形となっている「獅子岩」があるため、バス停名は「しし岩駐車場」。駐車場のすぐ横から登山道があり、登ると八ヶ岳を望む平沢山に到着する。先へ進むと牛柵があり、開けた先は山頂直下の広場で、広い階段状の道が山頂に向けてのびている。鼻歌まじりに進み、飯盛山の山頂に着いたら360度の眺望で山座同定を楽しむのもいい。その後は少し戻ってすぐ隣の大盛山に立ち寄り、ここでも眺望を楽しんだら清里駅へ向かって行こう。

山頂で、目の前に大きくそびえる八ヶ岳が迫力満点

富士山展望適期

6月中〜7月中

飯盛山は、とにかく花が多いのが特徴。多種多様の高山植物が咲き乱れる季節が断然おすすめ。花と富士山を愛でる絶景となる。(2024年7月22日　7時44分撮影)

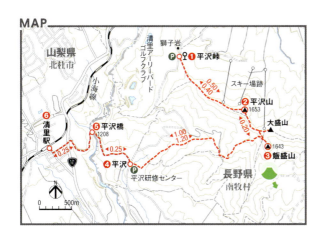

登山者大歓迎の宿にぜひ泊まりたい

JR小海線の甲斐大泉駅から歩いて15分にある「ロッジ山旅」は、山のガイド本も手がける長沢洋氏がオーナーの宿。食事がおいしいうえに、山の最新情報が手に入るのがありがたい。日中はカフェとしても営業している。

マイカー情報

しし岩バス停がある平沢峠と清里駅近くの平沢研修センターに無料駐車場がある。

87

Column. 03
スマホで絶景の富士を撮る ❶構図を考える

❶積み重ね構図

富士山を引き立てるために前景・中景・後景と、画面の手前から奥へと積み重ねる構図です

❷三角構図

富士山を頂点に下の2点で三角形を描くような構図です。画面に安定感が出ます

❸S字構図

アルファベットのSのように見える構図です。富士山を起点に要素がS字になる絵柄にします

❹四分割構図

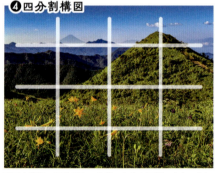

画面を縦横で四分割し、上部の左右と下部の左右の4点に被写体を配する、安定した構図です

目の前に広がる美しい富士山の展望。誰もが記念にスマホで写真を残したいと思うことでしょう。いつでもどこでも撮れるのがスマホのよさですが、簡単に撮れるからこそ適当にシャッターを押してしまいがち。美しい富士山の眺めを絶景の一枚にするために、ひと工夫しましょう。

撮影で重要なのは「構図」です。構図とは、一枚の写真がまとまりよく見えるようメインの被写体である富士山をはじめ、ほかの山や雲や花などを画面のどこにどのように配置するか、ということです。構図にはいくつかの基本のパターンがあります。

まずは代表的な構図を覚えましょう。たくさん撮って気に入らないものは消せばいいのです。スマホだからこそ自由自在に動かせて、インスタ映えする躍動的な写真がきっと撮れるはずです。

上の❶～❹以外にも基本の構図はあります。❺被写体を画面の対角線状に配置する**対角線構図**、❻障害物で囲んで撮影する**トンネル構図**、❼被写体を縦や横に二分割したように見える**二分割構図**、❽被写体を真ん中に置く**日の丸構図**、などです。

丹沢・箱根・伊豆・静岡周辺の山

浜石岳からは均整の取れた富士山が美しい

35	高麗山	90
36	弘法山	92
37	大山	94
38	三ノ塔	96
39	高松山	100
40	ミツバ岳	102
41	矢倉岳	104
42	金時山	106
43	今倉山	108
44	金冠山	110
45	高通山	112
46	浜石岳	114
47	貫ヶ岳	116

35 神奈川県　高麗山（こまやま）

標高 168m

初級者向き

| 行き | JR東海道線大磯駅（徒歩約50分） → 湘南平 |
| 帰り | 高来神社（徒歩約35分） → JR東海道線大磯駅 |

海と富士山を望む湘南平と こんもりした山容の高麗山を結ぶ

DATA
歩行時間	2時間35分
歩行距離	5.9km
標高差	175m
累積標高差	登り300m 下り300m

ヤマタイムでルートチェック！

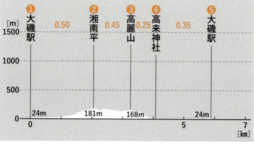

　平塚の西に、こんもりとした姿で見える高麗山。山名は高句麗（こうくり）（中国東北部から朝鮮半島北部にわたる地域）からの渡来人に由来する。相模湾から大磯（おおいそ）の海岸へ上陸する際、この山を目印にしていたそうだ。歌川広重（うたがわひろしげ）の『東海道五十三次』では平塚宿に山の姿が描かれた。

　高麗山と、つづく湘南平（しょうなんだいら）の一帯は、高麗山県民の森に指定されており、植物の宝庫である。展望は高麗山よりも湘南平の方が断然よい。湘南平には、2つの展望台があり、どちらからも相模湾や富士山、箱根連山、丹沢山塊などの眺望が楽しめる。特に

レストハウス展望台からは360度のパノラマ景観となる。また、春にソメイヨシノやオオシマザクラなど、約2000本の桜が咲くことでも有名。

　登山は大磯駅から歩き始め、湘南平で展望を楽しんだら、アップダウンの少ない尾根道を進む。浅間山（せんげんやま）を経由し、木橋や岩の露出した道を通り、高麗山へ登頂。その後、まっすぐに下る急な男坂かゆるやかな女坂、もしくは途中に展望スポットがある生涯学習館経由の3種類のコースからどれかを選んで進み、高来神社（たかく）へと下りる。その後は街なかを歩いて大磯駅へ向かおう。

ライトアップされている夜の湘南平。サクラの開花期は特に賑わう

かつて高麗神社と呼ばれていた高来神社。拝殿の右手裏に登山道がある

富士山展望適期
4月上〜4月中
高麗山と湘南平は、平塚や大磯市民の庭のような存在。低山ながら素晴らしい展望がいつでも得られる。ベストシーズンを挙げるなら、山頂にサクラが多いため、花見の季節。作品は湘南平から。（2022年4月6日　10時4分撮影）

土産もグルメもそろう大磯港
大磯駅から歩いて10分の大磯港には、当日水揚げされた鮮魚や朝採り野菜、特産品などを販売するショップやおいしいカフェがある。堤防からは、歩いた稜線がすべて見えるのも感動的。

湘南平に24時間利用できる無料の駐車場がある。

36 弘法山

神奈川県　標高 235m

初級者向き

| 行き | 小田急線秦野駅（徒歩約20分）→ 弘法山公園入口 |
| 帰り | 吾妻山（徒歩約25分）→ 小田急線鶴巻温泉駅 |

歴史があり、見どころがもりだくさん。地元の人に愛され、守られている低山

DATA

歩行時間	2時間25分
歩行距離	7.3km
標高差	224m
累積標高差	登り305m 下り381m

ヤマタイムでルートチェック！

神奈川県秦野市にある弘法山は、かの弘法大師が修行を行なったとされる山で、隣接する権現山、浅間山とともに、一帯は弘法山公園と呼ばれている。公園には約1400本のサクラが植樹されており、開花期には多くの花見客で賑わうほか、夏のアジサイやヤマユリ、秋の紅葉など、四季折々の美しさで、一年中人気が高い。秦野駅から弘法山公園を通り、吾妻山を経て鶴巻温泉駅を目指す、充実の登山コースを紹介しよう。

展望は最初にあがる権現山の山頂がいちばんよい。立派な展望台があり、秦野の街を前景にした富士山がすばらしい、丹沢や大山方面の山並み、箱根から伊豆半島、相模湾や横浜方面までをも見渡せる。次にたどり着く弘法山山頂には、見どころがたくさんあって驚くほどだ。そのひとつが「乳の水」と呼ばれる井戸。言い伝えによると、この井戸から湧き出た水は乳の香りがしていたそうで、夜中に人知れず山に登り、この水を飲むと母乳がよく出ると言われ、多くの女性が登って来たという。このほか、鐘つき堂や大師堂、複数の句碑もある。弘法山を後にしたら、吾妻神社の石碑がある吾妻山を越えて鶴巻温泉へと下ろう。

春はコース中にいくつもの場所で花びらが舞う桜並木となる

弘法山山頂の鐘は江戸時代から秦野の人々に時刻を知らせていた

富士山展望適期

4月上～4月中

弘法山を含む一帯が公園となっており、秦野市民の憩いの山となっている。富士山の展望は権現山がいちばんよい。春はお花見で賑わう。開花期に訪れたい。(2024年4月10日 5時41分撮影)

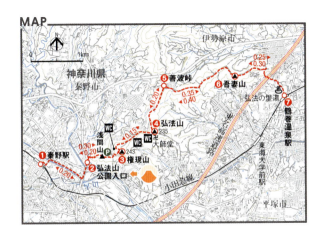

ゴール付近に温泉施設がある完璧なコース

山から下りてきた通り道という、恰好の場所にある日帰り温泉施設。2つの源泉を一度に楽しめ、男女ともに内湯と露天風呂、サウナがある。食事処とおみやげ処もある。営業は10時～21時。月曜定休(祝日の場合は翌平日)。

マイカー情報

浅間山のすぐ近くに無料駐車場がある。ここに車を停めて弘法山の山頂へ往復することもできる。

37 大山（おおやま）

神奈川県　標高 1252m　初級者向き

行き：小田急線秦野駅（ヤビツ峠行きバス／約48分）→ ヤビツ峠バス停
帰り：大山ケーブルバス停（伊勢原駅北口行きバス／約25分）→ 小田急線伊勢原駅

全国から多くの人を集める信仰の山

DATA

歩行時間	2時間20分
歩行距離	4.9km
標高差	944m
累積標高差	登り526m 下り977m

ヤマタイムでルートチェック！

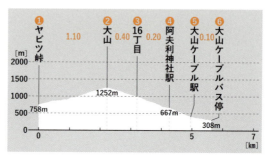

① ヤビツ峠 — 1.10 — ② 大山 — 0.40 — ③ 16丁目 — 0.20 — ④ 阿夫利神社駅 — 0.10 — ⑤ 大山ケーブル駅 — ⑥ 大山ケーブルバス停
758m / 1252m / 667m / 308m

丹沢大山国定公園に位置する大山は、整った三角形の山容をしており、麓からもよくわかる。別名「阿夫利山（あふりやま）」と呼ばれ、相模湾の水蒸気を含んだ風を受けて雨が降りやすいことから、かつて「雨降山（あめふりやま）」と呼ばれていて、それが転じたため。山内には大山阿夫利神社が鎮座する。縄文時代から霊山として信仰を集め、江戸時代には年間20万人が訪れたそうだ。鳶などの職人たちが巨大な木太刀を江戸から運び、大山に奉納するといった、他に例のない大山詣り（おおやままいり）は、歌舞伎や浮世絵、落語で描写されている。
山頂からの眺めも特筆すべきで、相模平野から江ノ島、三浦半島、東京都心の高層ビル群や、丹沢表尾根から富士山、箱根の山並みを望む。
ケーブルカーで山の中腹まで行くことができ、これが王道だが、ここではマイペースで歩ける、イタツミ尾根コースをおすすめする。ヤビツ峠のバス停横の階段を登り、ベンチがある広場を過ぎると傾斜が急になりクサリがかけられている。やがて富士山が見えてきて表参道と合流。鳥居をくぐれば阿夫利神社本社に到着し、大山へ登頂となる。下りは表参道で阿夫利神社駅へ向かい、ケーブルカーを使って楽々下山しよう。

阿夫利神社は大願成就の御利益がある。写真は下社

山頂から江の島と三浦半島を望む。すがすがしい眺めだ

富士山展望適期

10月中～12月上

ここは超が付くほど人気の山だ。紅葉が楽しめる秋と富士山が冠雪する初冬がいいだろう。より一層、美しい展望がえられる。（2024年10月21日　6時31分撮影）

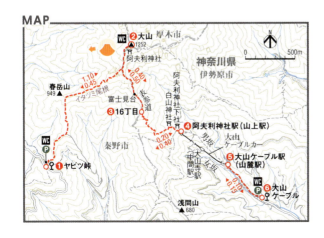

大山詣りに端を発する
大山豆腐

帰り道ではぜひ、有名な大山豆腐を食してみたい。丹沢山地から流れ出る良質な水と厳選した大豆とにがりを使用しており、参道に多くの店がある。大山詣りで参拝者が奉納した大豆が多く集まり、それで豆腐を使ったのがはじまりと言われている。

マイカー情報

入下山口が違うためマイカーには適さないが、大山ケーブルバス停付近には複数の駐車場があり、ヤビツ峠にも駐車場がある。

38 三ノ塔

丹沢・三ノ塔からのダイヤモンド富士。
狙い通りドンピシャだった。感動の一枚

38 神奈川県 標高 1205m

中級者向き

三ノ塔
さんのとう

| 行き | 小田急線秦野駅（ヤビツ峠行きバス／約48分）→ ヤビツ峠バス停 |
| 帰り | 大倉バス停（渋沢駅北口行きバス／約13分）→ 小田急線渋沢駅 |

丹沢表尾根の中間ピークを目的地に。爽快な好展望がひろがる

DATA

歩行時間	4時間15分
歩行距離	9.0km
標高差	920m
累積標高差	登り675m 下り1148m

ヤマタイムでルートチェック！

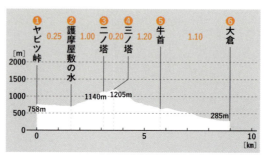

①ヤビツ峠 758m — 0.25 — ②護摩屋敷の水 — 1.00 — ③二ノ塔 1140m — 0.20 — ④三ノ塔 1205m — 1.20 — ⑤牛首 — 1.10 — ⑥大倉 285m

　三ノ塔は、ヤビツ峠から塔ノ岳に延びる丹沢表尾根のほぼ中間に位置するピーク。山頂は南北に長く、表尾根の全貌を見ることができ、大山や相模湾、箱根山地、富士山を望む。きれいな休憩所もある。
　三ノ塔という名前の由来が興味深い。むかし、村人が山に光るものを見つけ、不思議に思って登ってみると、突然、神燈が光り、奥の山上にも二つ目、三つ目と灯った。そして神童が現れ、村人へ神像を渡したという。村人は神燈が最初に灯った場所を一ノ燈として加羅古神社を建立し、二番目、三番目に灯った山を二ノ燈、三ノ燈と呼んだ。その後、「燈」が「塔」に変化し、現在の名前になったといわれている。
　多くの登山者はヤビツ峠から三ノ塔を通過して塔ノ岳まで登るのだが、往復でかなりの長丁場になるため、ここでは三ノ塔から三ノ塔尾根で大倉へ下るコースを紹介する。ヤビツ峠からほどなく、「護摩屋敷の水」という名の湧き水がある。喉を潤し、歩きだそう。階段状の急登で二ノ塔に着くと富士山が見える。一旦下って登り返せば三ノ塔に到着。展望を楽しんだら杉林を下り、牛首に着けばその先は舗装路となる。大倉からのバス便は頻繁にあるので安心だ。

山頂からは表尾根がのびのびと全部見える。いちばん高いのが塔ノ岳

三ノ塔の山頂にある休憩所は強風時などにありがたい。宿泊は禁止

富士山展望適期

3月上、10月中

二ノ塔から三ノ塔にかけて富士山がよく見える。西側に太陽が沈むために富士山がシルエットになり、美しい。ダイヤモンド富士も見られる3月と10月がおすすめだ。(2022年10月11日　17時25分撮影)

ファンが多い湧き水

コース中にある湧水「護摩屋敷の水」。護摩屋敷とは、山伏が木を焚いて修行をする場所のことで、むかし、修行僧たちがこの水で身を清めたとの言い伝えから名付けられた。つねに勢いよく噴出している。

マイカー情報

入下山口が違うためマイカーには適さない。ただし、ヤビツ峠から、もしくは大倉から三ノ塔へ往復するならそれぞれに駐車場がある。

99

39 高松山

神奈川県　標高801m

中級者向き

行き JR御殿場線山北駅（徒歩約25分）→ 高松山入口
帰り 高松山入口（徒歩約25分）→ JR御殿場線山北駅

山頂は広い草地となる
丹沢の人気低山で絶景を

DATA

歩行時間	5時間10分
歩行距離	15.5km
標高差	692m
累積標高差	登り837m 下り837m

ヤマタイムでルートチェック！

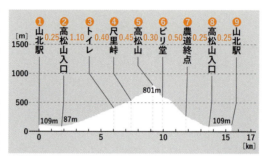

丹沢山塊の南側に連なる前衛の山のひとつが高松山。丹沢大山国定公園に属する。丹沢山地の中で比較的標高が低く、また山容もなだらかで登りやすいため、人気が高い。駅からバスを使わずに登山ができるのも人気の理由のひとつ。南斜面にはミカン畑が多く、ミカンが色づく晩秋から初冬と、麓を桜や菜の花が彩る2〜5月にかけての風景が里山らしくて特に美しい。また、山頂からの景色は抜群で、のびやかに裾野を広げた富士山と海までの雄大な景色がひろがる。小田原方面を望むと相模湾にそそぐ酒匂川が悠々と流れ、正面には伊豆大島まで見えるのだ。

山北駅を後にし、バス停がある高松山入口へ向かう。ここから山頂へは左回りでも右回りでもよいが、手前にトイレがある尺里林道にコースをとろう。馬頭観音がある尺里峠から左へ進んで高松古道を歩くと、春には黄色い花が咲くミツマタの群落地があり、先へ進むと山頂に到着する。

山頂一帯は広い草原になっており、実に開放的だ。ベンチで一休みしたら、昔、村人が五穀豊穣を願って建立したという石仏のビリ堂を過ぎ、高松山入口を経由して駅まで行こう。

夕暮れの酒匂川周辺は街の明かりがキラキラと輝いている

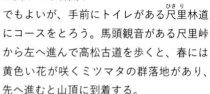
高松古道で春の訪れを告げるミツマタの群落

富士山展望適期

4月下～5月下、
10月中～12月上

南から西にかけて大きく展望が開ける山。新緑の頃や紅葉の季節がいい。上の作品は光る雲がたなびく富士山のワンシーン。(2023年9月26日　16時23分撮影)

駅前にある温泉は
下山後の立ち寄りにぴったり

山北駅に隣接する温泉施設「さくらの湯」は、炭酸カルシウム人工温泉で、保温効果が高い。露天風呂やサウナもある。営業は11時～21時。木曜定休（祝日の場合は翌日）。

山北駅の近くに無料の観光客用臨時駐車場がある。利用時間は7時～21時。

101

40 ミツバ岳
だけ

神奈川県　標高834m

中級者向き

| 行き | 小田急線新松田駅（西丹沢ビジターセンター行きバス／約51分）→ 浅瀬入口バス停 |
| 帰り | 細川橋バス停（新松田駅行きバス／約53分）→ 小田急線新松田駅 |

ミツマタの開花期は大にぎわい

DATA

歩行時間	4時間30分
歩行距離	8.3km
標高差	683m
累積標高差	登り1030m 下り1007m

ヤマタイムでルートチェック！

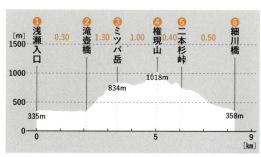

丹沢湖の北に位置し、普段は訪れる人が多くはないが、ミツマタの開花期になると大勢の登山者で賑わうミツバ岳。ただし、この山名はミツマタの群落からとられた俗称で、正しくは大出山。個人の所有する山であり、登山道は整備されていない。地権者の厚意によって入山が黙認されているため、くれぐれもルールを遵守するように。地権者の先祖が昭和初頭に紙幣原料として植栽したミツマタの木々が、現在では使われなくなったために成長し、訪れる人の目を楽しませているのだそう。

ミツバ岳へは浅瀬入口でバスを降り、落合トンネルを通る。滝壺橋を渡った所に小さな道標があるのでこちらへ。道は植林帯の中の急坂をジグザクに登って行く。ミツバ岳の山頂に到着すると広場となり、三角点がある。ミツマタは登っているあいだ中、杉林の中に点々とあり、山頂近くでは一面の群落となる。ミツマタ越しの富士山が絶景だ。

ミツバ岳からは尾根道を進んで権現山へ向かい、急な下降が続いて二本杉峠に着く。足元に気を取られて通り過ぎないよう注意を。その後、細川橋へも斜面をトラバースしながら下降し、ゴールとなる。

山頂からは豊かな水をたたえる丹沢湖が眼下に

丹沢湖の畔にある寺の沢駐車場。マイカーならここへ

MAP

富士山展望適期

3月中～4月中

ミツマタの開花期以外は静かな山であり、富士山の展望を独り占めできる。ただし、開花期なら花と富士山を一緒に楽しめ、ベストシーズンともいえる。（2020年3月20日　7時22分撮影）

甘い香りで春を告げるミツマタ

登山道を彩るミツマタは、その名のとおり、1本の枝から3本の枝が伸びる植物で、枝先から下向きに淡い黄色の花を付ける。開花期は3月中旬から4月。姿と香りで登山者を魅了する。

丹沢湖畔に無料の寺の沢駐車場がある。10台程度が駐車可能。

41 矢倉岳

神奈川県　標高870m　中級者向き

行き：小田急線新松田駅（地蔵堂行きバス／約30分）→ 矢倉沢バス停
帰り：地蔵堂バス停（関本行き、新松田駅行きバス／約54分）→ 小田急線新松田駅

眺望抜群の草原で登頂の喜びの鐘を鳴らす

DATA

歩行時間	3時間45分
歩行距離	7.9km
標高差	620m
累積標高差	登り833m 下り668m

ヤマタイムでルートチェック！

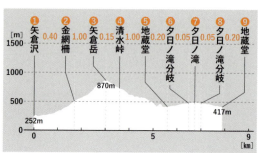

①矢倉沢 0.40 ②金網柵 1.00 ③矢倉岳 0.15 ④清水峠 1.00 ⑤地蔵堂 0.20 ⑥夕日ノ滝分岐 0.05 ⑦夕日ノ滝 0.05 ⑧夕日ノ滝分岐 0.20 ⑨地蔵堂
252m / 870m / 417m

矢倉岳は丹沢山地と箱根山地の間に挟まれるように存在する。三角おにぎりのような尖った山容で、麓からわかりやすい。矢倉岳と金時山の鞍部にある足柄峠を越える旅人を見張る櫓のような形から、「やぐらだけ」と呼ばれるようになったという。草原状の山頂は広く、視界を遮るものの無い完璧な富士山の姿を見せてくれる。独立峰に近いため360度の眺望があり、箱根、丹沢に連なる大パノラマで、足柄平野と相模湾もくっきりと見える。この眺めのよさと手ごろなコースタイムから、県内外の登山者に通年で人気が高い。

矢倉沢バス停を出発地に設定する。のどかな集落を進むと、イノシシ避けの柵があり、登山道が始まる。尖った山だからこその急登がしばらく続いた後、ようやく山頂にたどり着く。広々とした草原には2024（令和6）年10月に新しくなった山頂標柱がある。上部に鐘がついているので、カーン！と、いい音を響かせてみよう。下山は清水峠から地蔵堂の方面へ下る。ここも急勾配なので慎重に。小さな沢を渡り、地蔵堂に着いたら、少し足をのばして夕日ノ滝を見に行きたい。マイナスイオンをたっぷり浴びて地蔵堂に戻り、バスに乗ろう。

金時山が近くに見える。あちらもだいぶ尖っている

滝つぼのすぐそばまで近づける夕日ノ滝

富士山展望適期

12月中〜4月上

富士山と箱根連山が近くに見える山で、展望をオールシーズン楽しめる。強いて言うなら富士山に雪がある冬が絵になる。作品は三脚の影を入れて変化をつけた。(2024年12月3日　7時1分撮影)

注文を受けてから打つ手打ちうどん

夕日ノ滝近くで湧き出る「金太郎の力水」でこね上げた麺が評判で、リピーターも多い「万葉うどん」。江戸末期の家屋をそのまま店舗にしている。地蔵堂のすぐそば。営業は11時30分〜17時。木曜定休。

マイカー情報

下山口である地蔵堂には約30台駐車可能な無料駐車場がある。

42 金時山
きんときやま

神奈川県・静岡県　標高 1212m

初級者向き

| 行き | JR御殿場線御殿場駅（天悠行きバス／約21分）→ 金時神社入口バス停 |
| 帰り | 仙石バス停（箱根湯本駅行きバス／約33分）→ 小田急線箱根湯本駅 |

金太郎伝説に触れて歩き、箱根の展望台へ

DATA

歩行時間	2時間40分
歩行距離	4.5km
標高差	564m
累積標高差	登り536m 下り573m

ヤマタイムでルートチェック！

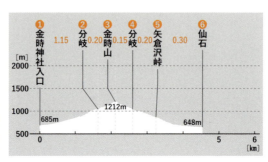

① 金時神社入口 685m — 1.15 — ② 分岐 — 0.20 — ③ 金時山 1212m — 0.15 — ④ 分岐 — 0.20 — ⑤ 矢倉沢峠 — 0.30 — ⑥ 仙石 648m

山頂からはNTT中継塔が確認できる丸岳や、遠くに愛鷹連峰を望む

金時山は、神奈川県と静岡県の県境に位置する箱根外輪山の最高峰。坂田金時（金太郎）が遊び回っていた山とされ、山中には金太郎伝説を物語る史跡がいくつもある。また、箱根は言わずと知れた温泉地のため、山から下りて立ち寄れる温泉はよりどりみどりである。

登山コースは複数あるが、ここでは、金時神社入口バス停から出発したい。国道沿いにアニメのエヴァンゲリオンをモチーフにしたセンスのよいトイレがあり、すぐに、金太郎が祭神として祀られている公時神社（きんときじんじゃ）がある。しっかりお参りをして森を進み、いったん道路を横切り、その先で見えてくるのが巨岩「金時宿り石」。ここから斜面は急になり、矢倉沢峠からの道と合流すれば、頂上へ最後の急登となる。勇ましい富士山を真正面から眺め、仙石原湿原（せんごくはら）や大涌谷（おおわくだに）、芦ノ湖（あしのこ）が眼下にひろがる山頂は、まさに天下の秀峰。また、山頂には2軒の有名な茶屋があり、あたたかいものを食すことも可能。下山は合流点まで戻り、直進しよう。矢倉沢峠でササ原がひろがる金時山の姿を見納めし、金時登山口へ。ここにバス停があるが、仙石バス停まで歩いた方がバス便が多いので便利だ。

国道沿いにある駐車場とトイレ。先進的なデザインのトイレは必見

MAP

富士山展望適期

通年

箱根エリアでもっとも人気のある山。軽アイゼンなどがあれば冬季でも登ることができる。展望は四季それぞれに趣がある。（2018年11月24日　6時51分撮影）

パカッと割れた巨岩、金時宿り石

金太郎が育ての親の山姥と一緒に住んでいたとされる、直径20mほどの巨岩。1931（昭和6）年に突如、轟音を響かせて真っ二つに割れてしまったそう。その音は仙石原の村中に響いたと伝わっている。

登山口すぐそばに、きれいなトイレもある無料の金時公園駐車場がある。

43 山梨県 標高 1470m

中級者向き

今倉山
(いまくらやま)

| 行き | 富士急行線都留市駅（月夜野行きバス／約30分）→ 道坂隧道バス停 |
| 帰り | 芭蕉月待ちの湯バス停（都留市駅行きバス／約21分）→ 富士急行線都留市駅 |

気持ちよい尾根道歩きで大展望へ

DATA

歩行時間	4時間30分
歩行距離	8.4km
標高差	899m
累積標高差	登り771m 下り1208m

ヤマタイムでルートチェック！

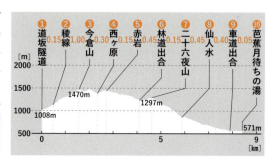

今倉山は、道志市と都留市の境にある山で、東峰と西峰からなる双耳峰。山頂は木立に囲まれて展望はあまりない。しかし、「新・花の百名山」のひとつである二十六夜山へと縦走していくと、赤岩という名の標高1450mのピークがあり、360度で絶景がひろがるのだ。関東の山がほぼすべて見える、と言っても過言ではない大パノラマである。今コースでは、都留市随一の展望と呼び声も高い、この赤岩（松山ともいわれる）を目的地としたい。

道坂隧道バス停を出発し、トンネル横から登山道に入る。かなりの急登で稜線に出れば今倉山の山頂。寂しい山頂なので滞在せずに左へ進み、西ヶ原を通過すると、いよいよ赤岩に到着となる。富士山をはじめ、南アルプス、北アルプス、八ヶ岳、奥多摩、などなど、書ききれないほどの山を見渡せ、スカイツリーまで見える。日本の山々は美しい、とあらためて思うものだ。

絶景を後にしたら二十六夜山に向かおう。山頂で富士山や九鬼山を眺めたら、昔、僧侶が住んでいたと伝わる一枚岩の「かっちゃ石」を過ぎ、芭蕉月待ちの湯のバス停へ。バスを待つ間にひとっ風呂浴びるとよいだろう。

横に長い二十六夜山の山頂からも富士山が見える

絶景ひろがる赤岩。方位盤をこんなにも活用できる山はない

MAP

富士山展望適期

4月下～5月中、10月中～11月上

赤岩からは360度の展望が圧巻。新緑と紅葉の頃がベスト。作品は紅葉のグラデーションが見事な稜線と富士山。(2015年11月4日　8時25分撮影)

二十六夜山は月待ち信仰の舞台だった

二十六夜山は、江戸時代の行事「二十六夜待」が由来の山で、かつて、旧暦の7月26日に麓の村人達が山頂に集まり、飲食をしながら道志山塊から上がる月を待ったと伝わる。山頂には「廿六夜」と彫られた古い石碑が建っている。

道坂隧道のバス停前と芭蕉月待ちの湯に駐車場がある。バスの便数が少ないため、マイカーを道坂隧道の駐車場に停め、二十六夜山まで往復してもよい。

44 金冠山
きんかんざん

静岡県　標高816m　中級者向き

行き	伊豆箱根鉄道修善寺駅（だるま山高原レストハウス行きバス／約27分）
	→ だるま山高原レストハウスバス停
帰り	だるま山高原レストハウスバス停（修善寺駅行きバス／約30分）
	→ 伊豆箱根鉄道修善寺駅

開放的なササ原を進んで絶景へ

DATA

歩行時間	4時間
歩行距離	8.6km
標高差	358m
累積標高差	登り672m／下り672m

ヤマタイムでルートチェック！

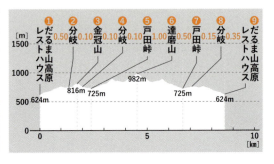

MAP

だるま山高原の遊歩道は開放感抜群。右の鉄塔がある山が金冠山

伊豆半島北西部にあり、沼津市と伊豆市の境に位置する金冠山。山頂の脇には海上保安庁第三管区海上保安本部の金冠中継所が設置されている。

天城山（あまぎさん）と共に、伊豆を代表する大型火山の達磨火山（だるま）が、約100万～50万年前に噴火を繰り返し、現在ではみかん栽培が盛んななだらかな裾野と、上部にだるま山高原がつくられた。金冠山はその達磨火山が浸食されてできた一峰である。だるま山高原は駿河（するが）湾から吹く強い風に耐えるササで覆われており、開放感が抜群の遊歩道が整備され、金冠山の山頂へも続いている。金冠

富士山展望適期
5月上～5月中
作品はツツジと富士山を捉えた一枚。5月上旬からのツツジの最盛期に訪れたい。吹き渡る風も心地よい時期。（2024年5月17日　5時17分撮影）

レストランもある
大型休憩施設が出発地
「だるま山高原レストハウス」は施設も充実。眺望のよいレストランや土産コーナーがあるほか、ソフトクリームなどのスイーツも評判。レストランの営業は10時～17時（10月～3月は16時30分まで）。不定休。

マイカー情報
だるま山高原レストハウスに広い駐車場があり、35台収容できる。

山山頂からは大展望がひろがり、駿河湾越しに雄大な富士山と、南アルプスの3000メートル級の山々を見ることができ、眼下には戸田の港町が美しい。また、山頂部にマメザクラが群生しており、春には淡いピンク色に彩られる。

バス停と駐車場がある、だるま山高原レストハウスから出発し、幅広のゆるやかな道を、正面に金冠山をとらえながら、お散歩気分で進もう。達磨山への分岐点を超えたら階段となり、すぐに山頂に到着する。さわやかな風を受けながら360度の展望を眺め、山頂を後にしたら分岐まで戻る。この後は達磨山にも行ってみたい。戸田峠を

達磨山に向かって歩くと、右側に戸田の街が見える

過ぎ、標高981ｍの達磨山の山頂でも素晴らしい大展望を眺めたら、Ｕターンして富士山を正面に見ながら下り、出発地のレストハウスへ戻ろう。

45 静岡県　標高 519m

初級者向き

高通山
たかとおりやま

行き 伊豆急行線伊豆急下田駅（タクシー／約40分）→ 高通公園
帰り 雲見浜バス停（松崎行きバス／約20分）
　→ 松崎バス停（下田行きバス／約50分）→ 伊豆急行線伊豆急下田駅

低山ながら登り応えのある、穴場の山

DATA	
歩行時間	2時間55分
歩行距離	5.1km
標高差	513m
累積標高差	登り465m 下り727m

ヤマタイムでルートチェック！

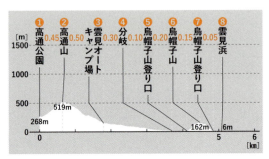

| 花 | 紅葉 | 温泉 | 駅近 | 寺社 |

高通山は1時間足らずで登頂できるわりに、西伊豆の海岸線をはじめ伊豆七島の島々や南アルプス、富士山までもの素晴らしい眺めを得られる。また、5月初めから中旬には約2000本のヤマツツジが満開となり、登山道を美しく赤色で彩る。ただ、交通の便がよくないためか、訪れる人が多くはない。つまり、穴場的な絶景山なのである。登山口までのバスは本数が少ないうえ乗り継ぎが必要なため、最寄り駅からタクシーを使うのが賢明。またはマイカーで。高通山に登頂したら、尖った山容が山登り意欲を掻き立てる、烏帽子山まで足をのばし、麓の雲見温泉で一泊する、というプランをおすすめしたい。温泉地からならアクセスの心配は不要だ。

高通公園から「高通山遊歩道入口」の看板を目印に歩き始める。常緑樹のやや暗い道を登っていくと、やがて頭上が明るくなり、山頂に到着。絶景を満喫して下山し、車道に合流して進むと烏帽子山の登り口へ着く。「雲見浅間神社」と書かれてあり、鳥居が立ち、急な長い階段が延びている。着いた山頂には神社の本殿があり、その脇には柵で囲われた高度感ある展望台。スリルと大パノラマを楽しみ、雲見温泉へ向かおう。

温泉地から望む高通山は間近にあり、まるで集落を見守っているよう

高通山の北側展望台からは雲見の集落と尖った山容の烏帽子山が見える

富士山展望適期

4月中～5月上

ツツジが咲く季節がベスト。ただ撮影的には、色づきのよいツツジとくっきりと見える富士山を同時に捉えるのは非常に難しい。何年も通ってやっと撮れたワンカット。（2023年5月2日　7時47分撮影）

こだわり店主が打つ絶品そば

松崎町の那賀川沿いに、注文を受けてから北海道産の十割蕎麦を打つ、「十割蕎麦あうん」がある。店主は写真家でもあり、2Fは西伊豆の写真を常時展示するギャラリー。営業は11時30分～14時30分。火・水曜定休。

登山口へはマイカーが現実的。高通公園は雲見地区ふれあいパーク駐車場の名で地図に載っていることも多い、無料駐車場。

46 浜石岳

静岡県　標高707m　中級者向き

| 行き | JR東海道本線由比駅（徒歩約15分）→ 浜石岳分岐 |
| 帰り | 浜石岳分岐（徒歩約15分）→ JR東海道本線由比駅 |

ミカン畑をぬって進む登山道。
広い草地の山頂は360度の絶景ビュー

DATA

歩行時間	5時間
歩行距離	12.1km
標高差	702m
累積標高差	登り849m / 下り849m

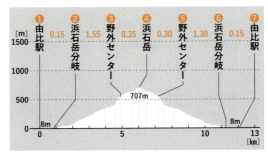

ヤマタイムで
ルートチェック！

駿河湾に面した浜石岳は、眺めのよさから知名度が高く、地元の人々に親しまれている山。子供時代を静岡市で過ごした人なら遠足で登ったことがあるかもしれない。山頂は、背の低い草に覆われた広場となっており、展望はさえぎるものがない。富士山や伊豆連山、愛鷹連峰を望め、北を向けば南アルプスの山々が連なる。足下には由比や清水の街並みが見え、三保の松原から田子の浦にかけての海岸線も美しい。

厳冬期でも雪が降るのは稀なため、冬の登山にも絶好。また、山頂直下まで舗装道路が通じており、野外センターまで車で入る

眼下に駿河湾がひろがり、気分爽快な眺め

ことができるため、日の出を見る名所にもなっている。

由比駅を起点とする西山寺コースを紹介しよう。駅から東に線路沿いに「由比桜えび通り」を進むと、電柱に浜石岳を指し示す標識があるので左へ折れ、新幹線の線路を高架で渡って集落に入る。ミカン畑が続き、振り返ると海が見えるのがいい。やがてトイレが現われ、階段と急な山道を登り、野外センターを通りこせば、浜石岳の頂上へ到着する。ちなみにこのコースの3分の2は舗装された道。案内の看板が随所にあるので迷うことはないだろう。下山は来た道を戻るといい。

北岳から赤石岳、荒川岳、笊ヶ岳などの南アルプスの遠望

MAP

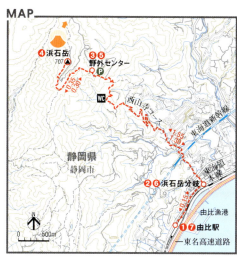

富士山展望適期
4月中〜5月中
緑の絨毯のような山頂が魅力の山。一年を通して富士山展望を楽しめるが、海が大きくひろがる眺めは、初夏だといっそう気持ちがよい。(2024年4月28日 7時31分撮影)

由比と言えばサクラエビ
桜えびを知り尽くした板前さんが作る数々の料理が絶品の「開花亭」は、桜えび料理ひと筋80数年の食事処。由比駅から徒歩約12分。営業は11時15分〜14時30分、17時〜19時。不定休。「割烹旅館 西山」を併設し、宿泊も可能。

駅から歩け、駅に戻ってくるコースなのでマイカー不適だが、山頂近くの野外センターに登山者用無料駐車場がある。

47 山梨県　標高897m

中級者向き

貫ヶ岳
かんがたけ

| 行き | JR身延線芝川駅（タクシー約20分）→ 中沢公民館 |
| 帰り | 中沢公民館（タクシー約20分）→ JR身延線芝川駅 |

目的地は尾根上にある晴海展望台！
富士山と駿河湾の大海原を望む

DATA

歩行時間	4時間20分
歩行距離	6.7km
標高差	656m
累積標高差	登り837m 下り837m

ヤマタイムでルートチェック！

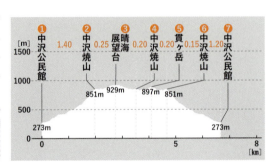

①中沢公民館 273m — 1.40 — ②中沢焼山 851m — 0.25 — ③晴海展望台 929m — 0.20 — ④中沢焼山 897m — 0.20 — ⑤貫ヶ岳 — 0.15 — ⑥中沢焼山 851m — 1.20 — ⑦中沢公民館 273m

　山梨の南端で、静岡県との境界近くにある貫ヶ岳。このあたりの山は古くから林業が営まれ、植林も盛んに行われてきたため、よく手入れされた美林に会える。公共交通機関によるアクセスが極端に悪い一帯であり、訪れる人が少ない静かな山域だ。また、ヤマビルが多く出没すると知られているのも静かな山の理由のひとつ。貫ヶ岳は木立に囲まれて展望がないが、稜線にある展望台からの眺めは素晴らしい。それが晴海展望台。ピークの名前はワサビノ岳で標高は929m。目の前に富士山と愛鷹山を望み、伊豆半島までも一望できる。

この晴海展望台を今コースの本当の目的地としたい。

　登山口となる中沢公民館へはバスの便がないので、タクシーかマイカーで向かおう。足にヤマビル対策を施したら出発。天に向かってまっすぐに伸びるスギやヒノキの林を登っていく。かなり急な山道で、尾根にあがる手前ではさらに急登となる。つきあがったら左の晴海展望台へ。雄大な富士山と駿河湾に行き交う船を見ながらベンチで休憩し、その後は、貫ヶ岳にも訪れたい。ヤセた尾根道を通り、山頂で山梨百名山の標柱を確認したら中沢公民館へと下る。

貫ヶ岳の山頂は樹林の中。それでもかろうじて隙間から富士山が見える

晴海展望台の名のとおり、山と海を展望できる。標高は貫ヶ岳より高い

富士山展望適期

10月下～4月中

登下行がなかなかキツイ山なので、確実に晴れる日を選ぶとよい。紅葉を楽しめる秋から春がいいだろう。作品は晴海展望台から街が目覚めていく朝を捉えたもの。(2025年1月9日　6時3分撮影)

おいしい水の料理店でひと休み

富士川を眺めながら食事ができる「多つみ庵」は、庭から湧き出る地下水を使用している。極上の豚肉を使う厚いトンカツが絶品。営業は11時～14時（土・日曜は17時～19時も営業）。月・第3火曜定休。

中沢公民館に5台ほど停められる無料駐車場がある。

117

Column. 04
スマホで絶景の富士を撮る ❷作例と注意点

A

B

C

D

P88の「スマホで絶景の富士を撮る❶構図を考える」で説明の通り、感動的な富士山の写真が散漫な印象にならないように、構図をしっかり意識してみましょう。ここでは実際にスマホで撮った作例を見ながら、撮影時のポイントを紹介します。

Aは三ツ峠山からの夜景です。雲間の月と街明かり、富士山を対角線構図で撮っています。スマホでも夜景は撮れますが、台に置いたり三脚を使うなどして、スマホがブレないように固定するといいでしょう。

Bは富士山が新緑の枝葉に囲まれたトンネル構図です。奥行き感が出るのが特徴です。木の枝や葉が富士山にかからないように注意しましょう。

Cは丹沢の大山で撮影した富士山ですが、単なる上下の二分割構図ではなく、手前の稜線と上空に浮かぶ雲と2つの要素で画面を構成しています。

Dは三ツ峠山でのミツバツツジと富士山です。花の付き具合と枝ぶりのよい角度を探り構図を決めています。ミツバツツジを大きく入れてダイナミックさ出しました。

そのほか、以下のような点に気をつけるとより「絶景の富士」に仕上がるでしょう。

POINT
- なるべく広角側のレンズで撮る
- 画像サイズは大きめに設定しておく
- 朝や夕方は情緒的な作品にしやすい
- 日中は平凡になりやすいので副素材を入れる
- 雲の動きや花、新緑、紅葉、街並みなどを捉える
- 画面の手前に何か前景を入れてみる
- 画面の天が空かないように詰める

富士山遠望の山

東京湾を行き来する船と富士山の絵柄が見られる鋸山

48	宝篋山	120
49	浅間山	122
50	三毳山	124
51	鋸山	128
52	御殿山	130
53	阿部倉山	132
54	大平山	134
55	披露山	136
56	三原山	138

48 宝篋山
ほうきょうさん

茨城県　標高 461m　中級者向き

| 行き | JR常磐線土浦駅（筑波山口・下妻駅行きバス／約28分） → 宝篋山入口バス停 |
| 帰り | 宝篋山入口バス停（土浦駅行きバス／約24分） → JR常磐線土浦駅 |

鎌倉時代の宝篋印塔がシンボル

DATA

歩行時間	3時間20分
歩行距離	7.1km
標高差	447m
累積標高差	登り520m／下り520m

ヤマタイムでルートチェック！

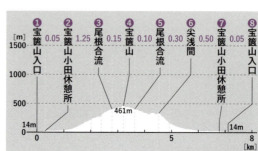

①宝篋山入口 — ②宝篋山小田休憩所 0.05 — ③尾根合流 1.25 — ④宝篋山 0.15 — ⑤尾根合流 0.10 — ⑥尖浅間 0.30 — ⑦宝篋山小田休憩所 0.50 — ⑧宝篋山入口 0.05

筑波山の南に位置する宝篋山。鎌倉時代に作られたとされる、宝篋印塔が山頂にあるのが名前の由来だ。宝篋印塔とは「宝篋印陀羅尼経」というお経を収めた石塔である。また、南麓に国の史跡に指定されている小田城跡があることから地元では小田山の名前でも親しまれている。

山頂からは筑波山をはじめとする展望がよい。霞ヶ浦や榛名山、赤城山、日光連山のほか、鹿島灘も望むことができる。また、空気が澄んだ日には、遠く離れた富士山も見え、2005年には「関東の富士見百景」にも選ばれた。山の植生は実にゆたかで、春はヤマツバキやコブシ、ヤマザクラ、ツツジなど多彩な花々が咲き、夏は新緑に覆われ、秋は紅葉が美しい。

主な登山コースは6本あるが、最短距離の極楽寺コースで登り、いちばん東側の常願寺コースで下ることにする。バスを降り、宝篋山小田休憩所から出発し、沢沿いに登っていく。夏は特に気持ちがよい。順平歩道に突き当たったら右へ行き、大岩が目につくエリアと山桜の森の間を通り山頂へ。下山は尖浅間の山頂から先ほどまでいた宝篋山の山頂を眺め、くずしろの滝を過ぎ、小田休憩所まで戻ってくる。

長年、この山とともにある宝篋印塔。立派な造りだ

筑波山の姿が目の前に迫る宝篋山山頂からの眺め

富士山展望適期

12月中〜3月中

たとえ富士山が見えなくても登りたい好展望の山だが、空気の澄んでいる冬は富士山が見える確率が高くなるのでおすすめだ。初日の出を見に来る人も多い。（2024年12月27日　16時58分撮影）

極太ストレート麺がクセになる

宝篋山小田休憩所から歩いて10分ほどにある「らーめん逆流」は、もっちりとした食感が特徴の自家製麺。毎朝、その日に使う分の麺を打つ。特につけ麺は絶品。台湾まぜそばも人気。80食限定。営業は11時〜15時。月曜定休。

小田休憩所に無料駐車場がある。70台収容可能。

49 浅間山

栃木県　標高181m

初級者向き

| 行き | 東武線堀米駅（徒歩約30分） → 浅間山登山口 |
| 帰り | 佐野市市営駐車場（徒歩約25分） → 東武線田沼駅 |

松明を持って山を駆けおりる奇祭で有名な山

DATA

歩行時間	2時間35分
歩行距離	7.3km
標高差	202m
累積標高差	登り360m 下り335m

ヤマタイムでルートチェック！

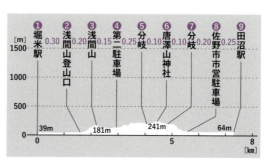

栃木県佐野市にある浅間山。マイナーな山ではあるが、この山を舞台にした「浅間の火祭り」という名の奇祭が有名である。地元では「浅間山のおたきあげ」と呼ばれ、佐野市の無形民俗文化財に指定されている。毎年、梅雨明けの土曜の夜、浅間山の山頂で無病息災・五穀豊穣を祈願する神事の後、大量の麦わらや古木を積み上げて火をつける。そして、人々が手にした松明にその炎を移し、一斉に山を駆けおり、悪霊が入らないよう願いながら我が家を一周する。この日は麓から山を見上げると、松明の火が連なり、光の道となるのだ。

浅間山の山頂には神社があり、両脇に灯篭が建つ参道の入り口が登山口

地元住民に愛されている低山は、山頂にあずまやがあり、佐野の街を一望できる。登山口からわずか20分で登頂できるため、朝日や夕日を狙っての撮影も可能。

写真の大きなドラム缶で火を起こし、街へ一気に駆けおりる

登頂後は車道を北上して唐沢山へ向かいたい。県立自然公園の中心となっている山で唐澤山神社がある。戦国時代に佐野氏が居城した山城跡でもあり、今でも土塁や曲輪、北関東屈指の高い石垣を見ることができる。

知名度ではこの唐沢山の方が浅間山より上だが、展望のよさでは絶対的に浅間山だ。ぜひとも両方に訪れて欲しい。

富士山展望適期

12月中～3月中

富士山を見るなら、空気がよく澄む冬に登りたい。あまり知られていないが素晴らしい展望を誇る山だ。登山口から20分で登れるため、作品のような夕焼けも見られる。（2024年2月12日　17時59分撮影）

お隣の唐沢山にはネコが集う神社が

唐澤山神社はムカデ退治の伝説で知られる藤原秀郷（ふじわらのひでさと）を祀る。別名ネコ神社とも呼ばれ、境内に数十匹のネコがおり、ネコ好きのあいだではかなり有名。可愛らしいが、むやみにエサを与えないように。

コース上と周辺に複数の無料駐車場がある。浅間山にいちばん近いのは唐沢山ハイキングコース第二駐車場。

123

50 三毳山

三毳山に通い詰めた朝・夕のショット。
東北道のS字ラインが遠くの富士山に延びていた

50 三毳山（みかもやま）

栃木県　標高229m　中級者向き

| 行き | JR両毛線・東武鉄道栃木駅（ふれあいバス岩舟線（ぶどう団地入口経由）／約33分） → とちぎ花センター前バス停 |
| 帰り | かたくりの里管理センター（徒歩約50分） → JR両毛線・岩舟駅 |

一面のカタクリを愛でてのんびりと

DATA

歩行時間	3時間55分
歩行距離	8.1km
標高差	203m
累積標高差	登り387m／下り381m

ヤマタイムでルートチェック！

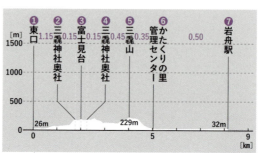

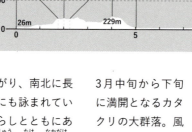

コース中、カタクリの大群落が点在しており、幾度も鑑賞できる

栃木市と佐野市にまたがり、南北に長い三毳山は、万葉集にも詠まれているほど、古くから人々の暮らしとともにあった。正確には最高峰の青竜ヶ岳（せいりゅうがたけ）と中岳、御岳（おんたけ）の三つの峰からなり、なだらかな山容から「細く柔らかい毛」という意味がある「毳」という字が使われたそうだ。

三毳山は「新・花の百名山」に選定されているだけあって、四季折々の山野草が自生しているのが魅力。山一帯が「みかも山公園」として整備されており、春にはサクラ、夏にはキツネノカミソリ、秋にはヒガンバナなどが咲き誇る。特に有名なのは、3月中旬から下旬に満開となるカタクリの大群落。風に揺れる可憐な春の女王に会いに、県内外から大勢の老若男女が訪れる。

眺望は富士見台からがいちばんよい。関東平野を見渡すことができ、筑波山、日光連山、上毛（じょうもう）の山々、そして、遠くには富士山の姿がある。

園内には複数のハイキングコースが整備されているが、登山ルートとしては三毳神社から山頂広場を通り、三毳山へ登頂後、万葉自然公園かたくりの里へとつなぐと充実するだろう。そのまま進んで岩舟駅まで歩くことができる。

三毳山の山頂からは幻想的な筑波山をのぞむ

126

富士山展望適期

3月中〜4月上

この山の特徴はなんといってもカタクリの群落。春には8万株のカタクリが咲き乱れるため、富士展望とともに楽しめるこの時期が最適。作品は富士見台から。（2024年1月27日　8時5分撮影）

下山後は佐野ラーメンで決まり！

ちぢれ麺で、コシの強さが特徴の佐野ラーメン。三毳山周辺には多くの店がある。写真は人気店「ラーメン大和」のチャーシュー麺。営業は11時〜20時（平日は14時〜17時休）。月曜定休。

マイカー情報

コミュニティバスは1日4本なのでマイカー利用の方が現実的。みかも山公園の東口、南口、西口のそれぞれに無料駐車場があるが、開園時間以外は利用できないため、南口そばの道の駅みかもに駐車するのもよい。

51 鋸山（のこぎりやま）

千葉県　標高329m　中級者向き

| 行き | JR内房線浜金谷駅（徒歩約10分）→ 観月台コース登山口 |
| 帰り | 観月台コース登山口（徒歩約10分）→ JR内房線浜金谷駅 |

大海原が眼下にひろがる絶景山。石切場跡の独特の景観もおもしろい

DATA
歩行時間	3時間15分
歩行距離	5.3km
標高差	322m
累積標高差	登り542m 下り542m

ヤマタイムでルートチェック！

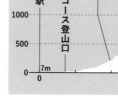

① 浜金谷駅 0.10 → ② 観月台コース登山口 0.45 → ③ 分岐 0.30 → ④ 鋸山 0.25 → ⑤ 分岐 0.15 → ⑥ 地獄のぞき 0.40 → ⑦ 観月台 0.20 → ⑧ 観月台コース登山口 0.10 → ⑨ 浜金谷駅

　山腹に岩肌が露出しているため、遠くから見ると高く険しい山に見える鋸山。尾根の形が鋸の歯のようにギザギザしていることから名付けられた。山頂そばに東京湾を一望できる展望台があり、晴れていれば伊豆大島まで見渡せるほか、江戸時代から昭和60年まで房州石（ぼうしゅういし）を切り出していた採石の歴史を垣間見れる。また、鋸山の南側斜面一帯は、東京ドーム7個分の広さをもつ日本寺の境内で、百尺観音や約31mの大仏のほか、「地獄のぞき」という足元が切れ落ちたスリリングな名物展望台があるなど、魅力がもりだくさんの山だ。

　登山コースは内房線の浜金谷（はまかなや）駅からスタートする。かつて、切り出した石を麓まで運んでいた車力道コースを進み、森の中にある山頂へ。一等三角点をタッチしたら引き返し、東京湾を望む展望台へ。「地球が丸く見える展望台」の別名どおり、水平線がゆるやかな弧を描いている。熟練の技に感心する石切場跡を過ぎると日本寺の北口管理所があるので、拝観料を納めて地獄のぞきへ行こう。時間が許せば境内を散策し、ふたたび管理所から出て、観月台（かんげつだい）へ。ここでは鋸山北側の迫力ある岩肌を確認できる。最後の急な階段を下り、駅へ戻ろう。

下から見上げた地獄のぞき。この絶壁を上からおそるおそる覗きこむ

地球が丸く見える展望台は眼下に大海原がひろがる開放的な景色

富士山展望適期
12月中～3月上

東京湾を介して遠望するため、霞の少ない時期をおすすめしたい。作品は夜の東京湾と富士山。東京湾は一年中、行き交う船が描く光跡がきれいだ。（2022年2月17日　22時3分撮影）

たまにはロープウェーでラクするのもアリ？

約4分で山頂付近まで運んでくれる鋸山ロープウェーもある。大きな窓ガラスから景色を楽しめるのがいい。気分に応じて利用したい。営業は9時～17時だが、冬場は16時までなので注意を。

浜金谷駅前に、金谷海浜公園の無料駐車場とコインパーキングがある。いずれも24時間入出庫可能。

52 御殿山
ごてんやま

千葉県　標高364m

初級者向き

| 行き | JR内房線岩井駅（市営バス富山線／約52分） → 山田中バス停 |
| 帰り | 山田中バス停（市営バス富山線／約1時間） → JR内房線岩井駅 |

房総の奥深くにある、関東百名山の一座

DATA
歩行時間	2時間15分
歩行距離	4.1km
標高差	276m
累積標高差	登り343m／下り343m

ヤマタイムでルートチェック！

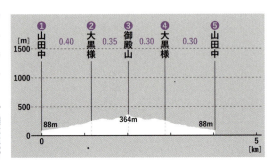

　房総半島南部で、伊予ヶ岳の南東に位置する御殿山は、千葉県立嶺岡山系自然公園にある。日本武尊が安房地方を平定した際、周囲を一望できるこの地を根城にしたことから、山名がついたそうだ。

　山頂からの眺望は見事。西に富山、伊予ヶ岳、北に高宕山、鹿野山、東に太平洋を望める。空気が澄んでいれば富士山までも望むことができる。さすが「関東百名山」のひとつだ。標高364mの低山のため、ツバキが咲く冬から、ヤマザクラが開花する春までがベストシーズンだろう。

　登山口は山田中バス停で高照寺が目印。川を渡って舗装路を進み、「御殿山遊歩道」の案内看板が出てきたら、この先は山道となる。やがて、大黒様が祀られている丘に着く。こ

集落に向かって佇む大黒様。江戸時代から何を見てきただろう

山頂にはあずまやがある。絶景を眺めながらゆっくりと休憩を

の大黒様は江戸時代中頃のもので、もとは麓の集落にあったのだが、住民がここまで担ぎ上げたという。なるほど、大黒様の後ろに回り、大黒様の視点になってみると、まさに集落を見守っている格好になるのだ。その後、杉林の尾根道を歩き、急登をひと登りすれば御殿山山頂に到着となる。

　先へ進み、鷹取山や大日山へ行く登山者も多いが、本コースでは来た道をたどって登山口へ戻る。

MAP

富士山展望適期

12月中〜2月中

千葉県は富士山からの距離があるため、空気が澄む冬が展望適期。作品は山頂でダイヤモンド富士を狙うが撃沈、下山途中に大黒様の丘で捉えたもの。
（2020年4月25日　18時45分撮影）

南房総の郷土料理、さんが焼きを食す

新鮮な地魚に、ネギ、味噌、生姜、大葉を合わせて焼くさんが焼き。岩井駅近くにある「伏姫さんが焼」では品数豊富な定食メニューが充実している。営業は11時〜14時30分（土日祝は15時30分まで）、17時〜21時。火曜定休。

マイカー情報　登山口の山田中バス停のすぐそばに約20台停められる無料駐車場がある。

53 神奈川県　標高161m

中級者向き

阿部倉山
（あべくらやま）

| 行き | 京急線逗子・葉山駅（徒歩約45分）→ 川久保 |
| 帰り | 東逗子駅・田浦分岐（徒歩約30分）→ JR横須賀線東逗子駅 |

住宅街から30分で登頂できる名低山はダイヤモンド富士のチャンスが年2回

DATA

歩行時間	3時間10分
歩行距離	7.8km
標高差	203m
累積標高差	登り526m／下り516m

ヤマタイムでルートチェック！

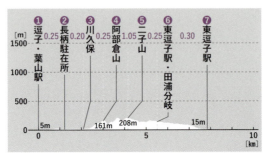

❶逗子・葉山駅　0.25
❷長柄駐在所　0.20
❸川久保　0.25
❹阿部倉山　1.05
❺二子山　0.25
❻東逗子駅・田浦分岐　0.30
❼東逗子駅

二子山には展望台があり、横浜の中心地や東京湾が見える

　三浦半島と聞くと海のイメージが強いが、実は半島の中央部よりやや北に、低山が連なる丘陵地帯が広がっている。それらをつないだのが三浦アルプス。県内外から多くの登山者を集めるご当地アルプスだ。阿部倉山はこの三浦アルプスの一端を担い、逗子・葉山駅からいちばん近くにある山。以前は樹木が茂り、歩きにくく展望もなかったのだが、「阿部倉山の森保全の会」の活動により整備されて生まれ変わった。

　阿部倉山への登り口は分かりにくい。「川久保」の十字路を右折し、カーブしながら住宅街を進むと、突如4基の庚申塔（こうしんとう）があるので、その前の坂を上がって行く。かなりの急斜面だが、わずか30分ほどで手作りのベンチがある山頂に到着する。山頂奥には「さくらテラス」という名の広場が整備され、富士山と江の島を望み、葉山の新たなビュースポットとの呼び声も高い。

　山頂からは大きく下り、下ノ山を通過して二子山（上ノ山）へ。展望台があり、横浜と横須賀の街を望むことができる。その後、南下して三浦アルプスを続けて歩くのもいいが、ここでは駅へ向かう。ちなみに、このあたりはトレイルランのランナーも多いため、道を譲り合って楽しみたい。

青い空に映えるヤマザクラ。うっとり、まったり、春を感じる

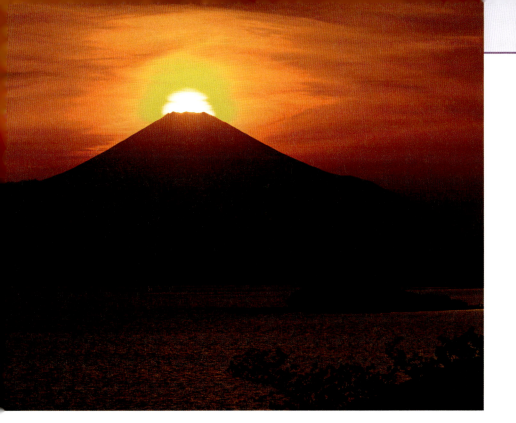

富士山展望適期

4月上、9月上

近年、道が整備されて展望がよくなった山。通年で富士山を眺められるが、作品のように、富士山の山頂に太陽が沈むダイヤモンド富士を1年に2回狙うこともできる。(2022年4月6日 17時53分撮影)

下山後は駅前の銭湯でひとっ風呂

東逗子駅から徒歩3分に「あづま湯」がある。血行がよくなる高濃度の炭酸風呂が登山後にありがたい。ボディソープ、シャンプー、コンディショナー完備。営業は15時〜22時30分（土日祝は13時〜）。木曜定休。

マイカー情報

駅から歩けるうえ、スタートとゴールが違うのでマイカーには適さないが、逗子・葉山駅、東逗子駅ともに駅周辺には多くのコインパーキングがある。

133

54 神奈川県　標高 159m　中級者向け

大平山（おおひらやま）

| 行き | JR横須賀線北鎌倉駅（徒歩約25分） → 建長寺 |
| 帰り | 鶴岡八幡宮（徒歩約20分） → JR横須賀線鎌倉駅 |

めざすは建長寺の裏山である勝上嶽の展望台

DATA

歩行時間	3時間30分
歩行距離	8.5km
標高差	150m
累積標高差	登り313m 下り330m

ヤマタイムでルートチェック！

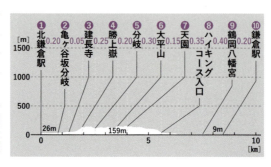

❶北鎌倉駅 ❷亀ヶ谷坂分岐 ❸建長寺 ❹勝上嶽 ❺分岐 ❻大平山 ❼天園 ❽ハイキングコース入口 ❾鶴岡八幡宮 ❿鎌倉駅

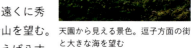

天園から見える景色。逗子方面の街と大きな海を望む

大平山は神奈川県鎌倉市の最高峰。この山を含み、鎌倉の尾根を歩くハイキングコースがある。その名も「天園ハイキングコース」で、通称「鎌倉アルプス」。天園とは、いかにも幸せになれそうな名前だ。

北鎌倉駅から歩き始め、建長寺の門を通り、天園ハイキングコースの看板に従って階段を上っていく。ほどなくすると建長寺の裏手にある勝上嶽の山頂に着く。以前は展望デッキがあったため「勝上嶽展望台」と呼ばれているようだ。ハイキングコースの序盤ではあるが、この勝上嶽こそが、今コースでいちばんの見どころとして紹介したい。なんといっても眺望がすばらしいのだ。鎌倉の街並みと海がひろがり、遠くに秀麗な富士山を望む。条件があえば八丈島まで見えるのである。

さて、ハイキングの先へ進もう。勝上嶽からは本格的な山道となり、大平山へ到着。途中、ロープを使う箇所もあるので慎重に。その先がコース名にもなっている天園。天園からも鎌倉市内や相模湾を見渡せる。看板の指示通りに進み、瑞泉寺まで行けばゴール。その先は鎌倉の観光地を通って駅へ行くので、初めての鎌倉登山にもおすすめのコースである。

広い境内の建長寺。背後にそびえている山が勝上嶽

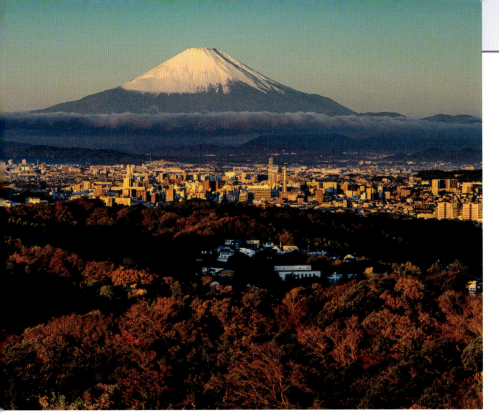

富士山展望適期

11月中〜12月中

歴史ある建長寺から登る山で、勝上嶽からは藤沢市街を従えた富士山が美しい。鎌倉の紅葉とスッキリとした富士山を見たいので展望適期は晩秋。(2022年11月27　6時47分撮影)

行列必至の鎌倉ハンバーグ

黒毛和牛100％の手づくりハンバーグが看板メニューの「鎌倉ハンバーグ 雪ノ茶屋」。リーズナブルに本格的な味を楽しめる。営業は10時30分〜15時（土日祝は20時まで）。不定休。

北鎌倉駅から建長寺の間や、鎌倉駅周辺など、ルート上に多くのコインパーキングがある。

135

55 神奈川県　標高92m

初級者向き

披露山
ひろうやま

| 行き | JR横須賀線逗子駅（徒歩約35分） → 浪子不動 |
| 帰り | 小坪海岸バス停（鎌倉駅行きバス／約15分） → JR横須賀線鎌倉駅 |

短時間登っただけで
壮大な眺めがひろがるミニハイク

DATA

歩行時間	1時間30分
歩行距離	3.9km
標高差	89m
累積標高差	登り135m 下り139m

ヤマタイムでルートチェック！

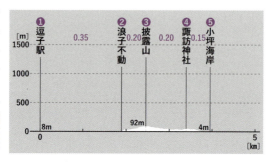

披露山は散歩気分で登れる手軽な山で、山頂一帯は逗子市立の披露山公園となっている。山名は、鎌倉時代に源頼朝（みなもとのよりとも）がこの山で御家人たちを集め、手柄をたてた者や、全国からの貢ぎ物を披露したことから付いたといわれる。また、現在、公園の広場となっている場所は、第二次世界大戦時に海軍の高射砲陣地があったそうだ。

登山コースとしては、逗子駅からスタートする道を紹介したい。駅を後にして一気に逗子海岸まで行き、海岸線を潮風を感じて歩くと浪子不動に着く。ここ披露山公園を結ぶ道は「浪子不動（なみこふどう）ハイキングコース」として整備されており、緑が濃く、小川が流れるなど、変化のある楽しい道になっている。わずか20分で着いた先には、三浦半島や相模湾の雄大な眺めが待つ。

休憩時間をたっぷりとり、大崎公園に向かって下っていこう。途中で通る「披露山庭園住宅地」は「日本のビバリーヒルズ」とも呼ばれている高級住宅地で、道幅はゆったりと広く、電線電柱は地中に埋められている。しばし優雅な気分を味わいつつ歩を進め、小坪海岸（こつぼ）バス停を目指す。ヤシの並木が美しい逗子マリーナで夕暮れを待つのもロマンチックである。

サクラ越しに見える、海と富士山と日本のビバリーヒルズ

自然環境のよさから近ごろ人気が高い逗子。この駅からスタート

富士山展望適期
12月中〜2月下、4月上〜4月中
夜景と富士山の組み合わせを見るなら冬がよい。作品のように湘南の夜景を楽しめる。また、道中に多くのサクラが咲く季節もおすすめ。
(2022年2月26日　18時11分撮影)

小坪漁港で
新鮮な漁師メシを
バス停のすぐそばにあるのは、漁師さんが採ってきた魚をその漁師さん自身で調理する食事処「漁師の店 まさかり丸」。おいしくないはずがない！　写真はその日の魚を使った漬け丼。営業は11時〜15時。月・火曜定休（祝日の場合は営業）。

マイカー情報
披露山公園に8時30分〜16時30分まで利用できる無料駐車場があるほか、逗子海岸沿いにはトイレもある有料駐車場がある。24時間利用可。

137

56 三原山
東京都　標高758m　中級者向き

行き：元町港または岡田港（三原山頂口行きバス／約25分）→ 三原山頂口バス停
帰り：三原山温泉バス停（元町港または岡田港行きバス／約18分）→ 元町港または岡田港

地球の息づかいを感じる独特な景色

DATA

歩行時間	3時間40分
歩行距離	9.7km
標高差	274m
累積標高差	登り425m／下り482m

ヤマタイムでルートチェック！

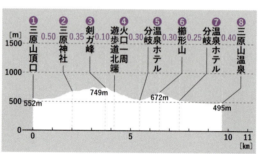

本の締めくくりは伊豆大島の三原山を紹介しよう。三原山から富士山までの距離は直線にして約93km。そんなに遠くて見えるのかと思うが、環境省と富士山周辺の市町村が選んだ「富士山がある風景100選」に認定されている。伊豆大島は島全体が活火山であり、島の中央に位置する三原山は、島民に御神火様として崇められてきた。周辺は唯一無二の風景がひろがる。

三原山頂口からスタートし、溶岩やスコリアがゴロゴロする道を歩いて三原神社に到着したらお鉢めぐりを。深さが約200メートルもある巨大な火口を見下ろしながら一回りすれば、富士山と360度の海と、裏砂漠という名の荒涼とした大地を眺めることができる。裏砂漠とは、三原山の度重なる噴火によって降りそそいだマグマが大地を焼いてできたエリア。風が強く吹きぬけるため、植物が定着しにくく、砂漠のような光景になっているのだ。お鉢めぐりの後は、この裏砂漠をじっくり見に行きたい。三原山を下り、「裏砂漠第2展望台」でもある櫛形山を目指す。裏砂漠からの富士山は、一面の黒い大地と富士山の美しいシルエットが重なり、とても芸術的だ。櫛形山を後にしたら大島温泉ホテル方面へ。

つねにもくもくと白い蒸気をあげている火口は迫力満点

伊豆大島の玄関口、元町港。高速ジェット船なら竹芝埠頭から105分

MAP

富士山展望適期

12月上〜3月中

本来はGWをおすすめしたいが、海を介して遠くの富士山を見るため、空気が澄み、高気圧に覆われる時を狙うとよい。作品は櫛形山からの裏砂漠越しの富士山。
（2024年5月3日　8時4分撮影）

特製しょうゆの味わい、べっこう寿司

伊豆大島の郷土料理として名高いのは写真左上のべっこう寿司。旬の魚の切り身を唐辛子醤油に漬け込んだものだ。島内には多くの飲食店があり、食べ比べるのも楽しい。

マイカー情報　登山口の三原山頂口に無料の駐車場がある。本コースのゴール地点とは違うため、お鉢めぐりをして登山口に戻るなら利用可。

絶景の富士山が楽しめる山75

関東・甲信・東海地方で数多ある富士山が見える山のうち、
コースガイドで紹介しきれなかった「絶景の富士」が望める山を75山セレクト。
手軽に登れる低山が中心なので、季節に応じて楽しんでください。

*都県境の山は便宜上、いずれかの都県に分類しています

No.	都県	山名	標高 (m)	登頂最短コースタイム	富士山までの距離 (km)	山の特徴
1	茨城県	八溝山 (やみぞさん)	1022	5分	223	福島、茨城、栃木の3県にまたがる山。遠い富士山までの前景の重なりが素晴らしい。朝・夕・夜がおすすめ。
2		高鈴山 (たかすずやま)	623	1時間10分	218	日立市と常陸太田市の境に位置する山。花の百名山でイワウチワが有名。向陽台駐車場からが最短。
3		男体山 (なんたいさん)	654	40分	214	男体山表参道を登れば最短で山頂に立てる。山頂からのパノラマは圧巻の一言。快晴の日にぜひ登りたい。
4		尺丈山 (しゃくじょうさん)	511	10分	206	山頂付近からは富士山や日光連山、太平洋を望める。展望休憩小屋やトイレもある。尺丈山登山口からは40分で登れる。
5		高峰 (たかみね)	520	40分	173	茨城と栃木の県境にあり山頂からの眺めが素晴らしい。パラグライダーの基地跡がある。平沢峠には駐車場とトイレがある。
6		筑波山 (つくばさん)	877	1時間20分	157	関東平野の独立・双耳峰で、一番標高の低い日本百名山。ロープウェイ、ケーブルカーを使えば手軽に山頂に立てる。
7	栃木県	芳賀富士 (はがふじ)	272	30分	180	南麓にある800年以上の歴史をもつ益子町安善寺の無料駐車場から登る。山頂は狭いものの明るく、ベンチもある。
8		三登谷山 (みっとやさん)	433	55分	174	小さな双耳峰の山。大川戸から登る。山頂から少し南に進んだところに展望広場がある。雨巻山と一緒に登りたい。
9		太平山 (おおひらさん)	341	1時間25分	141	栃木南部の山。展望ポイント・謙信平では地上が霧に包まれると山々が島に見えることから「陸の松島」とも呼ばれる。
10	埼玉県	日向沢ノ峰 (ひなたさわのうら)	1356	1時間5分	65	岩と道標が立つ狭い山頂だが、川苔山や蕎麦粒山方面が眺望できる。有間峠から入るのが一番近い。
11		御殿岩 (ごてんいわ)	2075	3時間	57	富士山の撮影なら将監峠入口から夜間に歩くか、将監小屋に泊まるといい。新緑と紅葉の雄大な景観が素晴らしい。
12		飛龍山 (ひりゅうやま)	2077	4時間50分	55	奥秩父・奥多摩では雲取山をしのぐ標高で山容も堂々としているが、登山者は少ない。富士山は前飛龍の岩場から望める。
13	千葉県	高宕山 (たかごやま)	330	1時間40分	116	関東百名山にも選定されている名山で、どの登山口から登ってもコースタイムはほぼ同じ。東京湾越しに富士山を遠望する。
14		大日山 (だいにちやま)	333	1時間	114	バスなら滝田郵便局バス停で下車。大日山登山口から登ると最短。東京湾が意外に間近で、富士山とのマッチングがいい。
15		伊予ヶ岳 (いよがたけ)	337	1時間	112	房総のマッターホルンと呼ばれ、千葉県内で唯一「岳」がつく岩峰。8月のお盆の時期にダイヤモンド富士が見られる。
16		富山 (とみさん)	349	1時間20分	109	双耳峰が美しく、『南総里見八犬伝』ゆかりの山として人気がある。御殿山・伊予ヶ岳とあわせて富山三山と呼ばれる。
17	東京都	酉谷山 (とりだにやま)	1718	4時間30分	65	長沢背稜の中間点にある。アプローチが長いので酉谷避難小屋を利用したい。カラマツが美しい秋の展望が狙い目だ。
18		川苔山 (かわのりやま)	1363	3時間40分	64	川乗山とも表記される。山頂西面の谷にある百尋ノ滝は奥多摩随一の落差を誇る。展望は新緑と紅葉期がおすすめ。
19		天目山 (てんもくざん)	1576	2時間55分	64	「三ツドッケ」とも呼ばれる長沢背稜の山。東日原からヨコスズ尾根を登るコースが近い。一杯水避難小屋が利用できる。
20		鷹ノ巣山 (たかのすやま)	1737	4時間5分	58	奥多摩で屈指の展望を誇る。峰谷から浅間尾根を登るのが最短だが、キツければ鷹ノ巣避難小屋を利用できる。
21		七ツ石山 (ななついしやま)	1757	3時間30分	56	奥多摩駅から鴨沢までバス便がある。七ツ石小屋が利用できるが、奥多摩小屋廃止の影響もあってシーズン中は混雑する。

22	東京都	惣岳山 そうがくさん	1341	2時間40分	55	御前山隣のピークで高水三山の同名山とは別。山頂に展望はないが、15分ほど下った「ソーヤの丸デッコ」が絶景ポイント。
23		景信山 かげのぶやま	727	1時間	54	東京と神奈川の県境にあり、高尾山–陣馬山縦走路の中間。相模湖を挟んでの富士山が素晴らしい。山頂には茶屋もある。
24		槇寄山 まきよせやま	1188	1時間35分	48	東京と山梨の境となる長大な笹尾根上の山で、南側に富士山の展望が開ける。登山口付近には日帰り温泉・数馬の湯がある。
25	神奈川県	大楠山 おおぐすやま	241	40分	83	三浦半島最高峰。 山頂からは伊豆半島、富士山、箱根連山、伊豆大島、房総半島と360度の大パノラマが広がる。
26		仙元山 せんげんやま	118	25分	78	三浦半島の葉山にある低山で散歩気分で登れる。山頂の先の三浦アルプスに足を延ばしてもいい。相模湾越しに富士を望む。
27		衣張山 きぬはりやま	119	55分	76	鎌倉市街の北東に東西に伸びる尾根、通称・鎌倉アルプスの一山。鎌倉の街を眼下に見据えつつ富士を展望する。
28		城山 しろやま	670	1時間25分	53	小仏城山とも呼ばれる。広々とした山頂には茶屋が2軒あり、なめこ汁が名物。桜や紅葉の季節がおすすめ。
29		吾妻山 あづまやま	136	20分	48	「かながわ花の名所100選」の山。山頂展望台は箱根や丹沢、富士山が見える絶景スポット。花期にあわせて登りたい。
30		権現山 ごんげんやま	243	15分	47	権現山、弘法山、浅間山一帯は弘法山公園と呼ばれている。県立自然公園にも指定され、どの山からも富士山が見える。
31		塔ノ岳 とうのだけ	1491	4時間15分	41	丹沢山塊で最も人気。「バカ尾根」と称される大倉尾根がメインルートで広い山頂は展望抜群。尊仏山荘も利用できる。
32		蛭ヶ岳 ひるがだけ	1673	5時間40分	40	丹沢山塊最高峰。アプローチが長いため蛭ヶ岳山荘を利用するのがいい。例年2月9日と11月2日頃はダイヤモンド富士。
33		鍋割山 なべわりやま	1272	3時間15分	39	山頂は日当たりと見晴らしがよく、相模湾も見下ろせる。鍋焼きうどんが名物の鍋割山荘が一角に立つ。
34		檜洞丸 ひのきぼらまる	1601	3時間30分	37	丹沢山塊の西部に位置し、同山域では数少ない独立峰的な存在感。ツツジが美しい山として知られ、5月の見頃に訪れたい。
35		大室山 おおむろやま	1587	3時間15分	35	丹沢山塊の北部、津久井町と山梨県道志村の境にある。ツツジが見事な山。犬越路避難小屋などに泊まってもいい。
36		明神ヶ岳 みょうじんがたけ	1169	2時間20分	31	箱根外輪山の東部。山容は穏やかで全山がカヤトに覆われている。富士山の手前に西隣のドーム状の金時山が姿を見せる。
37		大野山 おおのやま	723	2時間	29	丹沢山塊南西部の代表的な山で、富士山を仰ぎ見る景勝地。山頂一帯は牧場で、なだらかな草山・草原が広がっている。
38		鉄砲木ノ頭 てっぽうぎのあたま	1291	25分	18	山中湖の東側にある山。山頂は砂礫の平坦地で広く、山中湖を挟んで富士山が間近に見える。三国峠からのルートが最短。
39	山梨県	笠取山 かさとりやま	1953	2時間50分	57	埼玉との県境にある山梨百名山。多摩川の水源、東京都水源林として美林が守られている。笠取小屋も利用できる。
40		乾徳山 けんとくさん	2031	3時間	51	武田信玄ゆかりの甲州市の恵林寺の山号が山名の由来。中腹は草原だが、山頂一帯は岩稜で、360度の展望が得られる。
41		甘利山 あまりやま	1731	30分	48	鳳凰三山に連なる南アルプス前衛の山。富士山の展望に加え15万株ものレンゲツツジで知られる。例年6月中旬が見頃。
42		聖武連山 しょうむれやま	542	1時間5分	47	上野原市にあり相模湖の北西に位置する。標高は低いが急登で登りごたえ充分。眺めのいい山頂にはテレビ塔が立つ。
43		八重山 やえやま	531	1時間25分	47	上野原市の里山で地域住民に親しまれる。山頂より手前の展望台からの富士山をはじめとする山々の眺望が素晴らしい。
44		弥三郎岳 やさぶろうだけ	1058	1時間15分	46	金剛峰、鶯峰とともに一帯を総称して羅漢寺山と言う。昇仙峡ロープウェイを使えば15分の歩きで山頂に立てる。
45		奈良倉山 ならくらやま	1349	1時間	45	大菩薩主稜線から東に延びる長大な尾根、牛ノ寝通りの東端に位置。山頂からは富士吉田の街越しに富士山を望める。
46		三ツ森北峰 みつもりきたみね	1240	2時間30分	42	山梨百名山で人気の権現山の山頂から尾根伝いに西にある山。訪れる人は少ないが、富士山の展望は権現山より上だ。
47		扇山 おうぎやま	1138	1時間25分	40	JR中央本線沿線の山でも特に人気の一山で、大月市の「秀麗富嶽十二景」に選定。山頂は富士山から丹沢まで見渡せる。
48		棚山 たなやま	1171	1時間45分	39	笛吹市と山梨市との境界にある。太良ヶ峠から入山し、ほったらかし温泉に下山できる。富士山、南アルプスの展望がいい。
49		菊花山 きっかさん	644	1時間	34	大月駅の目の前にそびえる。急登だが、駅から短時間で登れ、展望抜群。馬立山、九鬼山などと合わせて登るのもいい。

141

No.	都県	山名	標高(m)	登頂最短コースタイム	富士山までの距離(km)	山の特徴
50	山梨県	甲州高尾山 こうしゅうたかおさん	1120	1時間	34	南アルプスも一望できる。山火事により木々が焼失、植林が行なわれており、木々が成長するまでは現在の景色を楽しめる。
51		姥子山 うばこやま	1503	2時間	32	「秀麗富嶽十二景」の一つ。雁ヶ腹摺山との縦走コースを楽しめる。東峰の眺望はほぼ360度で、スカイツリーも見られる。
52		滝子山 たきごやま	1610	2時間25分	32	大菩薩南嶺の最南端で「秀麗富嶽十二景」の一山。山頂は小ピークが3つで、三ツ丸の呼称も。ツツジの開花期が特に美しい。
53		鳥ノ胸山 とんのむねやま	1208	1時間20分	30	山梨百名山。麓は西丹沢主脈から飛び出した独立峰にも見える。山頂は広く、どっしりと構えた富士山が展望できる。
54		篠井山 しのいさん	1394	2時間30分	30	福士川渓谷の奥に位置する。登りは駐車場がある大洞橋から。二等三角点の山頂からは富士山や伊豆、駿河湾が見渡せる。
55		二十六夜山 にじゅうろくやさん	1297	1時間50分	27	山名は月の出を待つ「二十六夜待ち」の行事に由来。新緑と紅葉が美しい山で、尾根に連なる松山とセットで登りたい。
56		菰釣山 こもつるしやま	1379	2時間50分	26	西丹沢の奥、神奈川と山梨の境にあり、ブナが多いことから山梨側では「ブナの丸」とも。ブナ林の向こうに富士山を望む。
57		黒岳 くろだけ	1793	1時間25分	21	近くの大菩薩南嶺の同名山と区別するため御坂黒岳とも言う。新道峠まで車で入るのが一番近い。河口湖が眼下に望める。
58		杓子山 しゃくしやま	1598	1時間30分	19	山中湖の北、忍野村北面の山。カヤトの原の歩きが楽しい。山頂では富士山が眼前で圧巻。山下には忍野村が望める。
59		十二ヶ岳 じゅうにがたけ	1683	2時間30分	19	御坂山塊のほぼ中央。毛無山からのルートはロープやクサリ場の登り下りが続く。富士山を見ながらの稜線歩きが楽しめる。
60		高座山 たかざすやま	1304	1時間25分	17	カヤトに覆われた山肌が印象的。終始、富士山を眺めながら登れることで人気。山頂からは眼下に忍野村を一望できる。
61		大平山 おおひらやま	1295	1時間10分	16	山中湖の湖北バス停からが近い。眼下には山中湖を眺め、富士山が大きい。石割山から縦走してくるハイカーが多い。
62		紅葉台 こうようだい	1165	0分	14	紅葉台から360度の大パノラマが広がり、富士山や青木ヶ原樹海が一望できる。山頂まで車で上がれ、駐車場と売店もある。
63	静岡県	万二郎岳 ばんじろうだけ	1299	1時間15分	62	日本百名山の伊豆半島中央山塊・天城山を構成する一山。アマギシャクナゲが群生し、4〜5月の見頃にはハイカーで賑わう。
64		満観峰 まんかんほう	470	1時間	62	焼津市の山で、一帯は焼津アルプスとして知られる。軽快な稜線歩きが楽しめ、大展望の広い山頂はハイカーが絶えない。
65		朝鮮岩 ちょうせいいわ	330	45分	59	静岡市西部の呼び名・晁西（ちょうせい）が由来。夜景愛好家には有名な場所で、富士と静岡市街の夜景のセットが美しい。
66		達磨山 だるまやま	982	45分	46	天城峠から延びる伊豆山稜線歩道の西端に位置する。360度の眺望が広がり、駿河湾を前にした富士山が眺められる。
67		文殊岳 もんじゅだけ	1041	1時間10分	43	北側の薬師岳と合わせて双耳峰・竜爪山を構成する。信仰の山で中腹には穂積神社があり、マイカーの駐車もできる。
68		玄岳 くろたけ	799	30分	42	熱海市、函南町、伊豆の国市にまたがり、伊豆半島の最北にある。山頂は360度の展望で、氷ヶ池など見どころも多い。
69		笹山 ささやま	1763	20分	42	安倍奥の名山。新静岡ICから県民の森ルートで井川峠を目指す。通行規制があるので必ず確認を。山頂直下に駐車できる。
70		発端丈山 ほったんじょうさん	410	55分	42	葛城山、城山と並ぶ伊豆三山の一つ。内浦湾の三津から登る。駿河湾に浮かぶ淡島と富士山という特徴的な展望が魅力。
71		真富士山 まふじやま	1402	2時間	38	第一真富士と第二真富士山を総称して言う。南にある第一の標高は1343m。山頂近くに真富士神社奥ノ院が祀られる。
72		白鳥山 しらとりやま	567	5分	25	静岡と山梨の県境に位置。山梨百名山の最低峰ながら、山頂からは富士山と駿河湾、天子山地、富士川が一望できる。
73		思親山 ししんざん	1031	40分	23	富士川と天子山地との間に位置する山。山頂は広い草地で、東に富士山、西に南アルプスの360度の展望が得られる。
74		毛無山 けなしやま	1945	3時間25分	18	富士山の西に連なる天子山地最高峰。急登が連続するが、富士山との間に遮る山はなく、雄大な富士が満喫できる。
75		長者ヶ岳 ちょうじゃがたけ	1336	2時間	18	富士山の西部にあり、天子山地に属する山。田貫湖から登山道に入り、山頂からは富士山の大沢崩れが眼前に望める。

あとがき
恋人を追い続けて

全面氷結している山中湖。
「恋人」を撮るようになった原点の写真

　富士山は自分にとって何かと言えば恋人である。こんなに素敵な彼女はいない。時にはそっぽを向かれるが、優しく微笑んでくれたりもする。右から見ても左から見ても正面からでも同じ表情は二度となく、正に百面相だ。そんな富士山をどんな姿で撮ろうかと考えると眠れない。華やかなサクラやツツジを入れて撮ろうか。雪や紅葉を着せたらどうだろう。頭の上にダイヤモンドやパールを乗せて輝かせたら…などといとまがない。どんな素敵な光景であろうと一期一会である。

　本書に収録した作品は主に低山で撮影をしている。「こんな山でこんな絶景が見られるのか！」というのがコンセプトだ。撮影にはこだわりがあり、基本は富士山の裾野が美しいことが第一条件だ。関東で富士山の見える低山は概ね400山。そのなかで裾野が美しくて絵にできる山は200山にも及ぶ。

　どの山からどんな風に狙えるか？　私の恋人探しは展望ソフトや、「ヤマレコ」や『分県登山ガイド』の文章の富士山の文字、自治体の観光情報など多岐にわたる。あらゆる角度から調査するのだ。撮影は狙い通り一回で仕留めた山もあるし、何度も通って作品になった山もある。逆に何度通ってもダメだった山もある。

　空気感をどう捉えるかにすべての神経を注いでいる。富士山を撮るといっても登るという行為は一般の登山者と変わりはない。朝早くから登る、暗いなかを登る。夜中に歩くことも多く、そんな時はラジオをつけて歌を歌いながら歩くのが常である。星空を眺めて歩くのもロマンティックだ。森の中で目が光る。鳴き声がする。クマかシカかイノシシか。テント泊というよりは撮影するためのテントで、晴れていれば一晩中でも撮影している。執念と執着心が何よりも大切で孤独な闘いなのだ。

　出版にあたり素晴らしい文章をまとめてくれたライターの遠藤さま、素敵なレイアウトをしてくれたデザイナーの相馬さま、山と溪谷社の吉野さま、下山メシや立ち寄り湯で協力してくれた方々など、すべての関係者に心より感謝を申し上げたい。

　最後に、日本画の巨匠・横山大観は「富士山は理想を持って描かなければならない！」と語っている。私もまったく同感である。この世界に誇れる名峰をこれからもあらゆる角度で撮り続ける決意である。

低山フォトグラファー
渡邉明博

渡邉明博 わたなべあきひろ

1957年生まれ、杉並区在住。中学時代にSLファンになり写真を始める。1976年より商業写真カメラマンを経て、フリーランスカメラマンに。富士山撮影をライフワークとし、中央線沿線の山をはじめ、低山の四季折々の風景を撮影。著書に『すばらしい富士に出逢える！富士山絶景撮影登山ガイド』『アルペンガイド高尾山と中央線沿線の山』、『アルペンガイド奥多摩・奥秩父』『分県登山ガイド12東京都の山』（共著、いずれも山と溪谷社）などがある。現在、山岳写真ASA会長。

STAFF

装幀・本文デザイン
相馬敬徳（Rafters）

DTP・地図制作
千秋社

協力
有木京子
菊地弘幸
庄内春滋
星野恒行
メモリープレス

編集
遠藤裕美
吉野徳生（山と溪谷社）

2時間で楽しめる！
絶景の富士山展望ハイキング

発行日 2025年3月20日　初版第1刷発行

著者 渡邉明博

発行人 川崎深雪

発行所 株式会社山と溪谷社
〒101-0051
東京都千代田区神田神保町1丁目105番地
https://www.yamakei.co.jp/

印刷・製本 株式会社暁印刷

乱丁・落丁、及び内容に関するお問合せ先
山と溪谷社自動応答サービス　電話03-6744-1900
受付時間11時〜16時（土日、祝日を除く）
メールもご利用ください。
【乱丁・落丁】service@yamakei.co.jp
【内容】info@yamakei.co.jp

書店・取次様からのご注文先
山と溪谷社受注センター
電話048-458-3455　FAX048-421-0513

書店・取次様からのご注文以外のお問合せ先
eigyo@yamakei.co.jp

ISBN978-4-635-53079-8
©2025 Watanabe Akihiro All rights reserved. Printed in Japan

＊定価はカバーに表示してあります。
＊乱丁・落丁本は送料小社負担にてお取り替えいたします。
＊本書の一部あるいは全部を無断で転載・複写することは、
　著作権者および発行所の権利の侵害となります。
＊QRコードは株式会社デンソーウェーブの登録商標です。